NF文庫
ノンフィクション

日本が
戦ってくれて
感謝しています

アジアが賞賛する日本とあの戦争

井上和彦

潮書房光人新社

文庫版のまえがき

平成25年、本書が出版されるやたちまち版を重ね発行部数10万部を超えるベストセラーとなり、老若男女の読者から感想や熱い思いのこもった意見が編集部に多数寄せられた。

それらの多くは感動と感涙のほどを伝えてくれるものであった。

「学生時代に受けた教育と全く違う。近現代史をもう一度勉強したい。子供にも教えたい」

「読み終えるまでに何度慟哭したことか。すべての日本人が読むべき一冊」

こうした読者の生の声に私も筆舌に尽くせぬ感動を覚え、また溢れる涙が頬を伝った。

あれから5年、その『日本が戦ってくれて感謝しています』がこのたび文庫化されることになった。学校で教わることのない、またメディアが伝えない封印された日本の近現代史の真実を、あらたな世代の人々にお届けできることは喜ばしいかぎりである。

しかし、誠に残念なことだが、戦前・戦中を生き抜いた歴史の証人は年々少なくなってゆく。事実、本書に登場する多くの方々がすでに黄泉の国へと旅立たれた。高評を博した第4章に登場する私の〝台湾のおやじ〟こと蔡焜燦《さいこんさん》氏もその一人である。蔡焜燦氏は、平成29年7月17日、靖國神社のみたままつりが終わった翌日に逝去された。

生前最後にお目にかかった同年の2月、自身が代表を務めた台湾歌壇の歌会で、会場から帰宅の途に就こうとする蔡焜燦氏に私は後ろから駆け寄って言った。

「玄関まで送りましょう」

すると蔡焜燦氏は、私の胸を指さして小さな声でこう返してきた。

「いいや、送らないで。和彦はここに居なさい。これは命令だ！」

そして遠くを見つめてこうつぶやいた。

「老兵はただ消え去るのみ……」

そう言い終えた蔡焜燦氏は、私をじっと見つめたあとエレベーターの方へ一人でゆっくりと歩いていった。

その後ろ姿を見た私は、筆舌に尽くせぬ寂寥感とやり場のない悲しみに包まれた。これが最期となった。このときの痩せた背中が今も脳裏を離れない。

実は、虫の知らせか、亡くなるその一週間前に電話を入れてご機嫌を伺ったとき、「和彦、『正論』で頑張っとるね！　僕はいつも読んどるよ。頑張んなさい！」という元気な声が耳朶をうった。元気そうな声に安堵したが、これが蔡焜燦氏の最期の言葉となった。

初めてお目にかかってからおよそ20年。私は〝台湾の親父（オヤジ）〟と呼び、蔡焜燦氏は私を〝日本の息子〟と呼んで交流を続けてきた。それゆえにその死はあまりにも辛く、いまも言葉にならない。

台湾各地を案内いただき、また蔡焜燦氏が来日されれば靖國神社を一緒に参拝した。そんな思い出が次々と脳裏を過る。

台北で故人の強い遺志でひっそりといとなまれた家族葬に、〝日本の息子〟である私も招かれた。そして最期の面会のとき、棺に収まった〝おやじ〟に私は挙手の礼で今生の別れを告げたのだった。

「おやじさん、ありがとうございました！」

このとき、込み上げる涙が滝のように頬を流れ落ちた。

生前、蔡焜燦氏は、「これを最後の仕事としよう」と言って受けてくれた平成28年6月のインタビュー（「正論」２０１６年11月号掲載）でこう結んだ。

「日本人の皆さん、どうか自国の歴史に誇りを持ってください。そして自分の国を愛してください。自分の国を愛せない人が、他の国や世界の国々を愛せるわけがありません。（中略）日本の若者よ、胸を張って自分の国を愛し、立派な先人たちに負けないように頑張ってください。

これは、〝元日本人〟から今の日本人へのメッセージです！」

我々は、この言葉をしっかりと受け止め、後世に伝えてゆく必要があろう。これこそが、未来の日本人と日本国への最高の贈り物なのではないだろうか。

一人でも多くの日本国民が、拙著を通してこれまで封印されてきた日本の誇り高い近現代史を知り、そして後世に語り継いでくれることを願って止まない。

平成30（２０１８）年8月吉日

井上和彦

はじめに

「感激いたしました。どうぞこのような文章を一人でも多くの日本人が読んでくれることを願っております。（中略）こういう文章を読むと元気が出て、八十八才の老齢が少し若返ったような気がいたします。ほんとうにいい文章を読ませて下さいました。伏して御礼申し上げます」

ある日一通の手紙が届いた。

差出人は国語学者の金田《きんだ》一《いち》春彦先生（平成16年逝去）だった。

生前の金田一春彦先生が、病床より過分な賞賛の言葉を贈ってくださった〝文章〟とは、私がこれまでアジア諸国を探訪して航空自衛隊連合幹部会誌『翼』に連載していた紀行記のことである。

戦後の日本社会は、明治以降の近現代史を醜聞《しゅうぶん》の色に染め上げた「自虐《じぎゃく》史観」に支配されてきた。しかしこれまで私が自分の足で歩き回って見聞してきたアジアには、日本のマスコミが声高に叫ぶ〝反日〟の声も、また学校で教わるような侵略の歴史も、いまもってお目にかかったことがない。

半世紀も日本の統治下にあった台湾には、むしろ戦前の日本統治時代を懐かしむ声が溢れ、また日本の戦争の〝犠牲者〟とされてきたフィリピンでは、驚くべきことに神風特別攻撃隊の武勇が地元の高校生からも賞賛されている。

そしてマレーシアをはじめ東南アジア諸国では、日本軍は〝解放軍〟として歓迎されていたのである。事実、マレーシア航空の機内誌『going places』（2002年8月）には、

《日本のイギリスに対する勝利は、長くヨーロッパの植民地でありつづけたアジア人の意識の中にあったヨーロッパ列強の無敵神話を見事に粉砕したのである》（訳は筆者）

と記されている。

またマレー・シンガポール攻略戦に引き続いて実施されたかのインパール作戦も、インドの人々からは〝インド解放戦争〟として感謝の意を込めていまも高く評価されていた。さらにかつて日本の委任統治領であったパラオでは、戦前の日本が生き続け、日本軍人は尊敬を集めているではないか。

となれば、毎年8月15日がやってくると決まってマスコミが騒ぎ立てる反日的な〝アジアの声〟とはいったい何なのか。日本軍兵士による蛮行《ばんこう》を恨む声や日本軍への恩讐《おんしゅう》を耳にしないのは、私の取材の仕方が悪いのだろうか。はたまた私が出会ったのは偶然にも親日派の人々だったのだろうか。

そこで日本軍の蛮行とやらを声高に訴える方々にお尋ねしたい。いったいどうすれば日本の侵略を恨む声に出会えるのか。

＊

大東亜戦争の戦火が止んでおよそ70年、ようやく日本人は長い眠りから目覚めようとしている。

増大する中国の軍事的脅威と一触即発の東シナ海情勢をはじめ、北朝鮮による日本人拉致と核開発問題、加えて、なり振り構わぬ〝反日〟で敵対姿勢を鮮明にしてきた韓国など、いまや日本を取り巻く安全保障環境は戦後最悪の状況となっている。

そしていま、安倍政権下で、ようやく憲法九条の改正を視野に入れた憲法議論が始まった。

もとより日本にすべての戦争責任をなすりつけ、日本が二度と戦えないようにしようとした対日戦の総仕上げが現行の日本国憲法の押しつけだった。その結果として日本の近現代史が歪《ゆが》められてしまったのである。だからこそこの現代日本の軛《くびき》ともいうべき現行憲法を改正する必要がある。

いうまでもないことだが、憲法改正やそれに伴う自衛隊の活動範囲の拡大は、あくまでも日本国民の生命と財産を守り、地域の平和と安定を守るためである。ところが現行憲法の害毒によって蔓延《まんえん》した「自虐史観」がその阻害要因となっている。

戦後、GHQ（連合国軍最高司令官総司令部）によるウォー・ギルト・インフォメーション・プログラム（War Guilt Information Program）という〝洗脳政策〟によって、日本人は軍隊や軍事を無条件に忌《い》み嫌うようになり、植え付けられた贖罪《しょくざい》意識から、政治家が憲法改正、自衛隊の活動範囲拡大や武器使用要件の緩和に関する議論を避けてきた。つまり「自虐史観」が日本の外交・防衛政策に深刻な負の影響を与えてきたのである。

中国や韓国はこのことを先刻承知であり、彼らはこれを巧みに利用している。要するに彼らが仕掛けてくる〝歴史問題〟の本質は、対日外交・軍事戦略だったのである。

中国側から提起されるいわゆる〝靖国《けんせい》問題〟の本質は、日本のアジア地域における軍事的プレゼンスの高まりに対する牽制であると同時に、自衛官の士気を挫《くじ》く間接的軍事戦略なのである。またそれによって、中国にとって最大の敵であるアメリカと日本の軍事的連携に水をさしながら、自らの軍拡に対する非難をかわそうとする狙いがある。

最近、とみに〝反日〟の度を深める韓国も同様で、彼らのいう〝歴史問題〟の本質は、日本との外交交渉を有利に導くための戦術であると同時に、国内問題のはけ口として、あるいは民族意識高揚の手段として都合よく利用されているに過ぎないのである。

これが中国や韓国が持ち出してくる〝歴史問題〟の本音なのだ。

靖国神社への首相参拝問題や歴史教科書問題などは、そのいずれもが単なる「歴史認識」の問題ではないのである。

だからこそ彼らは、ありもしない〝南京大虐殺〟だの〝従軍慰安婦の強制連行〟だのを振りかざし、日本による〝侵略〟という歴史を捏造して執拗に謝罪を要求してくる。

しかしながらそれに怯《ひる》んで国防体制をおろそかにし、さらには日米同盟に亀裂《きれつ》を生じさせてはならない。我々は淡々と日本の国益を追求し、国防体制の拡充に努めてゆく必要がある。

もとより、〝自衛隊〟という言葉自体に、「かつて日本は、軍隊を保有して他国を侵略しましたが、自衛隊は軍隊でないから決して侵略はいたしません」という国家の意思が込められている。だが、自衛隊が軍隊ではないという詭弁《きべん》など世界に通じるはずがない。もしや日本脅威論《きょういろん》なるものがあるとすれば、それは現在の戦力規模に対してではなく、その戦力を認めていない日本国憲法の存在に対する不信感であろう。

もっとも、憲法改正によって自衛隊が軍隊として認められ、日本陸海空軍が再建されても、中国や韓国などが振り回すいわゆる〝歴史カード〟が有効なままならば、日本はその国防力にさえ不当な内政干渉を招きつづけることになる。

だからこそ、近現代史の真相究明に取り組み、捏造された歴史を正さねばならないのだ。

歴史問題とは、単なる過去史の解釈をめぐる摩擦《まさつ》ではなく、日本および日本国民の将来を担う安全保障問題なのである。

*

歴史には〝光と影〟がある。

戦時中に戦場となった国々では、少なからぬ無辜《むこ》の市民が戦闘の巻き添えとなって傷つき、あるいは亡くなったことは事実である。また日本の統治下で屈辱を味わった人々もいたであろう。

しかしだからといって当該国の人々が、果たして今日に至るまで日本および日本軍兵士を恨みつづけているのだろうか。

それは大きな間違いである。はっきり言おう。当時、多くのアジアの人々は日本軍を大歓迎し、とりわけ欧米列強の植民地支配に苦しめられてきた東南アジアの人々は、宗主国《そうしゅ》の軍隊を次々と打ち倒してゆく日本軍の姿に拍手喝采《かっさい》したというのが事実なのだ。

その結果、多くの植民地諸国は独立することになったではないか。そして多くの国々では戦後もそうした日本の偉業を讃《たた》え、感謝の声はいまも色あせることはない。

大東亜戦争終結から10年後の昭和30（1955）年、後のタイ王国首相ククリット・プラモードは、日本による対英米開戦の日（昭和16年12月8日）のことをこう記している。

《日本のおかげで、アジアの諸国はすべて独立した。日本というお母さんは、難産して母体をそこなったが、生まれた子供はすくすくと育っている。今日東南アジアの諸国民が、米英と対等に話ができるのは、一体誰のおかげであるのか。それは身を殺して仁をなした日本というお母さんがあったためである。この重大な思想を示してくれたお母さんが、一身を賭して重大決心をされた日である。われわれはこの日をわすれてはならない》（第5章305ページ参照）

また、インド国民軍（ＩＮＡ）全国在郷軍人会代表で元インド国民軍Ｓ・Ｓ・ヤダヴ大尉は、インド解放のためにイギリス軍と戦った日本軍将兵に対して、１９９８年1月20日に次のような感謝状を送っている。

《われわれインド国民軍将兵は、インドを解放するために共に戦った戦友としてインパール、コヒマの戦場に散華した日本帝国陸軍将兵に対してもっとも深甚なる敬意を表わします。インド国民は大義のために生命を捧げた勇敢な日本将兵に対する恩義を末代にいたるまでけっして忘れません。我々はこの勇士たちの霊を慰め、御冥福をお祈り申し上げます》

さらに驚くべきは、日本の〝侵略〟なるものを批判し続ける反日国家・中国の毛沢東主席もが日本の戦争に感謝の言葉を述べていたのである。

昭和39年7月10日、北京を訪れた佐々木更三《こうぞう》日本社会党委員長が過去の戦争に対する中国への謝罪を口にしたとき、毛沢東はこう返したのだった。

《何も申し訳なく思うことはありません。日本軍国主義は中国に大きな利益をもたらし、中国人民に権力を奪取させてくれました。みなさんの皇軍なしには、我々が権力を奪取することは不可能だったのです》（毛沢東著『毛沢東思想万歳』下巻、三一書房）

そして大東亜戦争終結後、〝裁判〟に見せかけて日本の戦争責任を追及した「東京裁判」では、インド代表のラダ・ビノード・パール判事が当初から、この〝裁判〟の不当性を訴えた。また、ウィリアム・ウェブ裁判長をはじめ、アンリ・ベルナール仏代表判事やベルト・レーリンク蘭代表判事など、東京裁判に関わった実に多くの人々が後に、この裁判が間違いであったことを認めている。

なにより、この裁判の主催者であった連合国軍最高司令官、ダグラス・マッカーサー元帥自身がこの裁判の誤りを認め、昭和26年5月3日の米国上院軍事外交合同委員会において次のように答弁している。

《日本は絹産業以外には、固有の産物はほとんど何も無いのです。彼らは綿が無い、羊毛が無い、石油の産出が無い、錫《すず》が無い、ゴムが無い。その他実に多くの原料が欠如してゐる。そしてそれら一切のものがアジアの海域には存在してゐたのです。

もしこれらの原料の供給が断ち切られたら、一千万から一千二百万の失業者が発生するであらうことを彼らは恐れてゐました。したがつて彼らが戦争に飛び込んでいつ

た動機は、大部分が安全保障の必要に迫られてのことだったのです》（小堀桂一郎編『東京裁判　日本の弁明』講談社）

かのダグラス・マッカーサー自身が大東亜戦争を「自衛戦争」だと認めたのだ。さらに世界各国の法律家や弁護士をはじめ実に多くの識者らが東京裁判の違法性を訴えている。

ところが現代の政治家やマスコミは、こうした史実をまったく取り上げようとしないのだ。

ならば言おう。現在の社民党の始祖となる日本社会党が、かつて東京裁判を糾弾《きゅうだん》し、さらに〝戦犯〟で処刑された人々が靖国神社に合祀されないことを批判していたことはご存じだろうか。日本社会党の古屋貞雄議員は昭和27年12月9日の衆議院本会議でこう述べている。

《戦争が残虐であるということを前提として考えますときに、はたして敗戦国の人々に対してのみ戦争の犯罪責任を追及するということ――言いかえまするならば、戦勝国におきましても戦争に対する犯罪責任があるはずであります。しかるに、敗戦国にのみ戦争犯罪の責任を追究するということは、正義の立場から考えましても、基本的人権尊重の立場から考えましても、公平な観点から考えましても、私は断じて承服

できないところであります》

さらに、日本社会党の堤ツルヨ衆議院議員は、昭和28年7月9日、衆議院厚生委員会でこう訴えている。

《処刑されないで判決を受けて服役中の［者の］（筆者註）留守家族は、留守家族の対象になって保護されておるのに、早く殺されたがために、獄死をされたがために、国家の補償を留守家族が受けられない。しかもその英霊は靖国神社の中にさえも入れてもらえないというようなことを今日の遺族は非常に嘆いておられます》

かつての日本人はその思想にかかわらず、公正で正常な判断力を持っていたといえよう。ところが戦争の記憶が薄れてゆくにしたがって歴史が歪められてゆき、そしてついに国民の歴史観は、史実とはまったく無縁のお門違いのものになってしまったのだ。その先導役が現代のメディアである。

＊

私はこれまで世界各地を取材のため飛び回った。あるときは遺骨収集団に加わり、またあるときは戦没者慰霊や戦史検証ツアーにも参加するなどして先人達の足跡をたどった。本書はそんな長年の取材を取りまとめたルポルタージュである。

ご協力いただいた少なからぬ歴史の生き証人が、すでに黄泉《よみ》の国へと旅立たれたことは残念でならない。歴史の真相を知る方々が年を追うごとに少なくなってゆく悲しい現実はどうしようもないことだが、だからこそこうした人々の証言を後世に伝えてゆかねばならない。

東南アジア諸国では本文で詳述するように、日本の近代戦争によって独立を勝ち取った喜びや日本軍人に対する敬意と感謝の声を耳にすることが多い。少なくとも日本のマスメディアはこうした大多数の声を内外に発信すべきだろう。にもかかわらず、日本および日本軍を賞賛するアジアの声をまったく取り上げず、大東亜戦争を問答無用で〝侵略戦争〟と決めつけてきた。日本のマスメディアは、大東亜戦争を賞賛する声や日本軍人への敬意を完全に黙殺してきたのである。

いまこそ、封印されてきた近現代史の真実を解き明かし、日本人としての自信と誇りを取り戻さなければならない。それは、現世に生きる者の務めであり、次代を担う日本の子供達へのなによりの贈り物となるからである。

本書の上梓にあたり、ここに収めた作品群に共鳴してくださった故・金田一春彦先生に深甚なる謝意を表すると共に、祖国日本のために散華された246万6千余柱の英霊に哀悼の意と感謝の誠を捧げる。

平成25年9月吉日

井上和彦

日本が戦ってくれて感謝しています——目次

第3章 【パラオ】打電「サクラ・サクラ」は武勇の象徴です

第4章 【台湾】「大和魂を持っていた」と胸を張っています

日本が戦ってくれて感謝しています

――アジアが賞賛する日本とあの戦争

第1章

【インド】独立戦争を共に戦ってくれて感謝しています

平成25（2013）年5月29日、安倍晋三首相は来日したインドのマンモハン・シン首相と会談し、原子力協定の交渉再開を含む経済面での関係強化と、海上自衛隊とインド海軍の共同演習をはじめ海自救難飛行艇の対印輸出など安全保障面での連携強化を謳《うた》いあげた。

日印両国の共通の脅威である中国に対抗すべく、両国はより一層の関係強化が図られるようになったのである。

もとより日印両国は、歴史的にも強い友好の絆で結ばれてきた。

《日本とインドとの歴史的友好関係は100年にもなる。植民地時代に「韓国はアジアのともしび」と激励したインドの詩人ラビンドラナート・タゴールの一言しか語れない韓国とは異なる。韓国が日本の植民地となるきっかけになった1904―05年の日露戦争の際、日本がロシアを打ち負かしたという知らせを聞き、インド人たちは喜んだ。アジア国家がヨーロッパ国家に勝つとは。英国の植民統治下にあったインドの人々は、その時日本に〝希望〟を見いだした。第2次世界大戦のとき、日本はインドの英国に対する武装闘争を支援した。インドの武装独立闘争家スバス・チャンドラ・ボースが1944年、シンガポールでインドに進撃する際に動員した兵力は、日本の協力を受けて引き渡された英国軍所属のインド人捕虜たちだった。

一方、日本人は1945年、戦争直後に開かれた東京裁判当時にあるインド人判事が主張した裁判批判を今でも忘れていない。ラダ・ビノード・パル判事は法廷の正当性に疑問を提起し「起訴されたすべての人は無罪であり、即刻釈放すべき」と主張した。

日本は、歴史的な関係に基づき、安全保障はもちろん、経済的利害関係の構築に力を注いでいる。日本のインド支援の歴史は長い。公的資金による援助を1958年から行い、2004年だけで1345億円（約1兆770億ウォン）を投じた。インドは日本の援助供与国1位だ。インドが誇るデリーの最新地下鉄は日本の資金で作られたものだ》

これは、韓国紙『朝鮮日報』前ニューデリー特派員・チェ・ジュンソク記者による、「『親印派』安倍首相誕生で日印経済関係に深化の兆し」（2006年10月17日付）と題する記事の一部である。

韓国人記者チェ・ジュンソク氏の韓国ではたいへんめずらしいバランス感覚のある公平な歴史観、そして見事な洞察力に敬意を表したい。

インパール作戦は対英独立戦争

さて日露戦争における日本の大勝利は、後のインド首相ネルーに大きな衝撃を与え、インド独立の精神的な支えとなったことはあまりにも有名である。ネルーは、そのときの日本の勝利は、アジアの民衆に民族独立への大きな希望を与えたと語っている。

かの連合軍による復讐《ふくしゅう》劇となった東京裁判で「日本無罪論」をひとり唱えたラダ・ビノード・パール判事もまた、日露戦争における日本の勝利に感銘したインド人の一人だった。

当時19歳だった彼は、そのときの感動を次のように述べている。

《同じ有色人種である日本が、北方の強大なる白人帝国主義ロシアと戦ってついに勝利を得たという報道は、われわれの心をゆさぶった。私たちは、白人の目の前をわざと胸を張って歩いた。先生や同僚とともに、毎日のように旗行列や提灯行列に参加したことを記憶している。私は日本に対する憧憬と、祖国に対する自信を同時に獲得し、わななくような思いに胸がいっぱいであった。私はインドの独立について思いをいたすようになった》（田中正明著『パール判事の日本無罪論』小学館文庫）

そして大東亜戦争では、インド国民軍が日本軍と共にインパール作戦を戦い、それが後のインド独立の布石となった。詳細については後述するが、インドではこのインパール作戦が日印連合軍による〝対英独立戦争〟として位置づけられている。

つまり近現代史における日本の軍事行動がインドの独立に大きく寄与し、そしてこうした近現代史の共鳴が、インドを世界屈指の親日国家にしていったのである。

「いや〜井上さん、あんたと一緒にここへ来られてよかった。これで念願が叶った。さあ見てご覧なさい。あれがチャンドラ・ボースですよ。『目標レッド・フォート！』と力強く指をさしとりましょう。

とにかく大東亜戦争のクライマックスはインドの独立ですよ。

僕は来年、生きとるかどうかわかりませんが、あんたはまだ若い。これからの日本のこと、あとはひとつ頼んますよ。これで安心して菩提寺へ行けますな。ま、とにかくここへ一緒に来ることができてよかった」

チャンドラ・ボースの銅像を見上げる生前の名越二荒之助《なごしふたらのすけ》（元高千穂商科大学教授・故人）氏が、私の肩に手を添えて感慨深げに語ってくれたことを思い出す。平成18（2006）年4月のことだった。

名越氏は、日本軍の力を借りてインド独立に生涯をかけたチャンドラ・ボースの不撓不屈《ふとうふくつ》の闘志をいつも絶賛されていた。

過酷なシベリア抑留を経験された名越二荒之助氏は、抑留中も共産主義への転向を頑《かたく》なに拒《こば》み続け、それどころか死を覚悟してソ連に対する批判文を書いたほどの信念の持ち主であった。逆境をものともせず、揺るぎない愛国心を貫いた名越氏だからこそチャンドラ・ボースに満腔《まんこう》の親近感を覚えたのだろう。

名越氏には、「負」の事象を無理なく「正」の出来事としてコンバートできる〝自動変換機〟がついているようであった。

「いまの自分があるのはあのソ連共産党のおかげ！」

「中国や北朝鮮のような国があるから日本人は目覚めることができるんですよ、ありがたいじゃないですか。彼らの軍国主義に学ぼうじゃないですか」

究極のブラックユーモアではあるが、「なるほど！」と納得させられる。こうした名越氏の考えとその独特の語り口調〝名越節〟に魅了され、戦後日本を蝕《むしば》んできた自《じ》

靖国神社に建てられているパール判事の顕彰碑

虐《ぎゃく》史観を払拭できた日本人は多い。しかし誠に残念なことに、名越二荒之助氏は、平成19年4月、多くの国民に惜しまれながら〝高天原《たかまのはら》〟へ旅立たれたのだった。

生前の名越氏は、ことあるごとに、「チャンドラ・ボースの精神に学んで、東京裁判史観を払拭しようではありませんか！」と語っておられた。重い病に冒されてもなお、国を愛し、大東亜戦争を戦い続けた名越二荒之助氏の死が惜しまれてならない。

「僕なんかは、もうすぐ高天原へ行きますから、後は宜しく頼みますよ！」

ある日の早朝にかかってきた最後の電話の最期の言葉だった。

インド国民軍の日本軍への感謝

「彼は、いまでもヒマラヤの山中に生きているという噂が絶えないんです」

インド人ガイドのセチさんは、真顔でそういう。

「彼」とは、かつて「インド国民軍」（ＩＮＡ）を指揮して日本軍と共に大東亜戦争を戦い抜いたインド独立の英雄「スバス・チャンドラ・ボース」のことである。

大東亜戦争開戦劈頭《へきとう》のマレー半島における戦闘の最中、後述する日本軍の共闘の呼びかけに応じて次々と投降してきたイギリス軍の中のインド兵達は、チャンドラ・ボースを「ネタジ」（指導者）と尊称し、彼のインド独立にかける情熱と祖国愛に導かれて戦った。

しかし残念なことに日本軍が敗れ、そしてチャンドラ・ボースは、奇しくも大東亜戦争終結直後の昭和20（１９４５）年8月18日、台北で不慮《ふりょ》の航空機事故によって落命してしまったのである。

いまでもチャンドラ・ボースは、インドで絶大な人気を誇っており、インドの国会議事堂には、チャンドラ・ボースの肖像画を中央にして、その右側にマハトマ・ガンジー、左側にジャワハルラール・ネルーの肖像画が掛けられているほどなのだ。

だからこそセチ氏のいうとおり、インドでは「ボースはいまも生きている」と信じる人が少なくない。彼がいかに慕われ、そして神格化されているかがおわかりいただけよう。

首都デリーには、スバス・チャンドラ・ボースの名を冠した公園があり、そこには威風堂々たるチャンドラ・ボースの銅像が建立されている。しかもその銅像は、大英帝国によるインド植民地支配の象徴でもあった「レッド・フォート」(赤い砦《とりで》)の方角を力強く指差しており、その生涯を対英独立闘争にかけたボースの闘志が伝わってくる。

首都デリーに建つチャンドラ・ボースの銅像

レッド・フォートとは、タージマハルを建てた皇帝シャー・ジャーハーンが、デリーへの遷都《せんと》に際して建てたムガール帝国最大の建造物「ラール・キラー」のことである。赤レンガで建てられた要塞《ようさい》であることから、「レッド・フォート」と呼ばれた。

1943年7月5日、生前チャンド

ラ・ボースは、将兵を前に次のように檄《げき》を飛ばした。

《我が兵士諸君。諸君の叫びは「デリーへ、デリーへ」である。(略) 我々の任務は、残存勇士が英帝国の他の墓場、古都デリーのラル・キラ即ち、赤色城砦(筆者註/レッド・フォート)へ入場式を行ふまでは終らないのであることを知ってゐる》(スバス・チャンドラ・ボース著『進めデリーへ』朝日新聞社)

チャンドラ・ボースそしてインド国民軍の目標は、レッド・フォートだったのである。ところが日本が敗戦するや、インド国民軍はイギリス軍に対する反逆者として取り扱われたのだった。大東亜戦争後の昭和20年11月、大英帝国はインパール作戦に参加したインド国民軍の将校3人をレッド・フォートにおいて裁判に掛け、反逆罪として極刑に処そうとしたのである。

だがその事実が人々に伝わるや、インド民衆が一斉に蜂起して大暴動に発展した。イギリス海軍に所属していたインド兵らも叛乱《はんらん》を起こすなどして、もはや手が付けられない状況となっていったのだ。おまけにイギリス軍の対日戦勝パレードがボイコットされ、弔旗《ちょうき》が掲げられたという。

もはや事態収拾が不可能と判断した大英帝国はついにインドに統治権を返還。1947年8月15日、インドは独立を勝ち取ったのである。

ここにチャンドラ・ボースの夢が叶った。

彼はインドの独立を見ることなく逝った。しかしその死後からわずか2年の後に彼の目的は達成されたのだ。「インド国民軍」を率い、そして日本軍と共に最後まで戦い抜いたことは決して無駄ではなかったのである。もし、チャンドラ・ボースが武装闘争を断念していたとすれば、恐らくインドの独立はあり得なかったであろう。あるいはもっと遅れていたに違いない。

まさしくチャンドラ・ボースの不屈の魂がインドの独立を勝ち取ったのであった。

元インド国民軍大尉で全インドINA事務局長S・S・ヤダヴ氏は次のようにいう。

《インドの独立には国民軍の国への忠誠心が大きな影響を与えました。しかし我々国民軍を助けてくれたのは日本軍でした。インパールの戦争で6万の日本兵士が我々のために犠牲となってくれたのです。我々インド人は子々孫々までこの日本軍の献身的行為を決して忘れてはいけないし、感謝しなければならないのです》（DVD『自由アジアの栄光』日本会議事業センター）

レッド・フォートの前には「August 15 Park」（8月15日公園）がある。これはインドがイギリスから独立した日を記念した公園であり、日本の終戦とは何の関係もない。左翼の連中にかかれば、条件反射的に「インドが日本の支配から独立したことを記念して」などとい出すだろうから断っておきたい。

この公園のすぐ傍《そば》の大通り沿いにはインド独立に生涯を捧げたチャンドラ・ボースの肖像を描いた看板もあり、彼が独立の英雄としていまだ絶大な人気を集めていることを雄弁に物語っている。

日本軍は〝解放軍〟

現代では、補給なき無謀な作戦として常に批判にさらされてきた「インパール作戦」——。

昭和19（1944）年3月から開始されたこの作戦は、日本軍3個師団（第15師団「祭」、第31師団「烈」、第33師団「弓」）の合計7万8000人とインド国民軍約1万5000人が、ビルマ（現ミャンマー）からインド東端に位置する英軍の要衝《ようしょう》インパールの攻略を目的として戦われた一大作戦であった。

緒戦《しょせん》では日本軍が快進撃し、南から第33師団「弓」がインパールに迫り、これに呼応して東から第15師団「祭」がインパールを圧迫した。そしていちばん北側に位置していた第31師団「烈」は、インパール北方のコヒマを占領したのである。

もちろんインド国民軍もよく戦った。インド国民軍の各部隊は、日本軍と共に各地で勇戦敢闘し、南部のファーラムやハカの近郊では、インド国民軍だけで英軍と戦闘を繰り広げた。こうしてインド国境を越えて進撃する日本軍とインド国民軍は、インド領内各地で次々とインド国旗を打ち立て、首都デリーへの進撃を誓い合ったのである。

インパール作戦はインドでは「インパール戦争」と呼ばれ、対英独立戦争として位置づけられている。当時の写真を見ると、インドの人々が進撃する日本兵を歓迎しており、つまり日本軍はインド独立を支援した〝解放軍〟として迎えられているのだ。したがってインド人は、かつて日本が〝侵略戦争〟をしたなどという歴史観をもっていない。

日英両軍が死闘を繰り広げたインパールの北方18キロのマパオの村では、地元のニイヘイラ女史によって作られた実に美しいメロディーの『日本兵士を讃《たた》える歌』がいまも歌い継がれている。

父祖《おや》の時代《とき》より
今日の日まで
美しきマパオの村よ

いい知れぬ喜びと平和《やすらぎ》
永遠《とわ》に忘れまじ

美しきマパオの村に
日本兵来り　戦えり
インパールの街目指して
願い果たせず
空しく去れり

日本兵　マパオの丘に来る
それは4日の火曜日
1944年のことなりき
我は忘れじ4月のあの日
罪なき民も散り散りに
西に東に追いやられ

再び神の恵み受け
集り住まん
この地マパオに
広島の悲報
勇者の胸をつらぬき
涙して去れる
日本の兵士よ
なべて無事なる帰国を
われ祈りてやまず

（ＤＶＤ『自由アジアの栄光』）

このように日本軍兵士はいまでも地元の人々から尊敬され、そして感謝されているのである。

日英両軍の大激戦地の一つ、マニプール州２９２６高地近くのグルモハン・シン氏はこう語る。

《日本の兵隊さんは命を張って私たちを戦場から逃がし、戦ってくれました。今こうして私たちが生きていられるのも、みんな日本の兵隊さんのおかげだと思うと感謝の気持ちでいっぱいになります。一生この気持ちは忘れることはできません》(同前)

そしてこの丘の麓《ふもと》のロトパチン村には、現地の人々によって建てられた日本兵の慰霊塔があり、毎年日本兵の供養が行われているという。そしてこの慰霊塔建立《こんりゅう》の推進役となったロトパチン村のモヘンドロ・シンハ村長はこう語っている。

《日本の兵隊さんは飢えの中でも実に勇敢に戦いました。そしてこの村のあちこちで壮烈な戦死を遂げていきました。この勇ましい行動のすべては、みんなインド独立のための戦いだったのです。私たちはいつまでもこの壮絶な記憶を若い世代に残していこうと思っています。そのためここに兵隊さんへのお礼と供養のため慰霊塔を建て、独立インドのシンボルとしたのです》(同前)

また別の激戦地コヒマでも同じように、日本軍は賞賛されているのだ。日本軍が去った後にコヒマに群生《ぐんせい》しはじめた紫の花が「日本兵の花」と名づけられ、そして日本軍兵士によって仕留められたイギリス軍のM3グラント戦車が「勇気のシンボル」として保存されているというから驚きだ。

そして日本軍兵士の規律もまたインドの人々から賞賛される対象だったのである。

《現地の人々は、日本人が軍規粛正で特に婦人暴行がまったくなかったことを、常に称賛します。それは、コヒマでもインパールでも同様です。日本軍を追ってここへ来た英印軍は、略奪と婦人暴行が相当ひどかった（西田将氏談）ため、統制のとれた日本軍の姿が心に残ったのでしょう》（名越二荒之助編『世界から見た大東亜戦争』展転社）

独立インドの理想に燃えるインド国民軍の兵士達と勇敢な日本軍兵士は共に『チェロ・デリー』（征《ゆ》け征けデリーへ）という歌を唄いながらインドを目指したのだった。

この曲は日本語でも歌われており、その歌詞は次のようなものであった。

征け征けデリーへ　母の大地へ
いざや征かん　いざ祖国目差して
征け征けデリーへ　母の大地へ
いざや征かん　いざ祖国目差して
進軍の歌は　今ぞ高鳴る
我等の勇士よ　眦《まなじり》あげて
見よ翻るよ　独立の旗

インドの親日感情はこうした歴史から醸成《じょうせい》されたものなのだ。

インド最高裁弁護士のP・N・レキ氏は次のような言葉を残している。

《太陽の光がこの地上を照らすかぎり、月の光がこの大地を潤すかぎり、夜空に星が輝くかぎり、インド国民は日本国民への恩は決して忘れない》

日本兵が守ってくれた

前出のドキュメンタリーDVD『自由アジアの栄光』（日本会議事業センター）の制作に携《たずさ》わった筆者の友人である映像制作会社「Nビデオ企画」の納村道一《なむらみちかず》氏は、そのために訪れたインパールで、当地の人々の親日ぶりにいたく感動したという。

納村氏はいう。

「とにかくインパールは印象的でした。インタビューしたすべての人が日本軍についてたいへんよい印象をもっていたんです。そして名もない一般の村人たちでさえ、口々に『日本の兵隊さんは私たちを守ってくれたんだ』というんですよ。いやーほんとうに驚きの連続でしたね」

そして納村氏がある村で、日本兵の鉄兜《てつかぶと》や飯ごう、さらに武器までも大切に保存している老人に「なぜこのようなものを大切に保管されているのですか？」と訊《き》いた。

するとその老人は、「私は日本の兵隊さんを顕彰《けんしょう》したいんです」と答えたという。

そしてその老人は目を潤ませながら、納村氏にこう話したのである。

「日本兵は戦闘が始まる前に集落の家を一軒一軒回って、『いまから戦争が始まるから皆逃げろ！』といってくれた。そのおかげで私たちは生き延びることができたんだ」

また別の老人は、日本軍が占領していたときは、村人と日本軍兵士との交流があり、和気あいあいと家族のような付き合いをしていた、と当時を懐かしんでいたという。

そして納村氏は興奮気味にこう語ってくれた。

「とにかく多くの人々が口を揃えていっていたのが、『日本兵士は強かった。勇敢だった』ということです。中には『これほど高貴な軍隊は見たことがない。神のようだ』とも語っていたんです」

インパールの取材中、次々と耳にする日本軍そして日本軍将兵に対する礼賛《らいさん》の声に、納村氏と撮影スタッフは戸惑いを隠せず、その原因についてあれこれと思いを巡らした。そして一つわかったことは、この地域には、昔から勇敢な者を讃える習わしがあるということだった。

結果として、日本軍は圧倒的物量をもって反撃してきた英印軍に完敗した。だが日本兵は、重武装で固めた数倍もの敵に対して、ひるむことなく勇敢に立ち向かっていったのだった。その光景をこの地域の人々が目にしていたのである。

さらに納村氏はこう分析する。

「そしてもう一つは、やはり日本軍の規律の厳しさではないでしょうか。というのも、どの人に聞いても『日本兵は、悪いことは何もなかった』『日本兵は皆親切で、礼儀正しかった』といっていたんですよ」

だからこそインパール地方には、地元民が建てた日本軍将兵のための慰霊碑があり、前述のマパオ村では『日本兵士を讃える歌』という歌がいまでも歌い継がれているのである。

そして納村氏はこう結んだ。

「この地域の人々はまるで幻想に近いほどの憧れを日本に対して持っているようでした。驚いたことに、彼らの将来の夢は『日本に行くこと』なんですよ。彼らは、『日本で勉強して有益な技術を取得し、地域の発展に尽くしたい』『礼儀正しく、勤勉な日本人を尊敬している』と話していました。いやはやそんな彼らが現代日本の〝醜《しゅう》態《たい》〟を知ったらどう思うでしょうかね。とにかく思い出に残るインパール取材でした。もうこの先一生行くことはないでしょうが、非常に貴重な体験をできたと思っています」

東條英機首相は英雄

そして現在もなおインドで英雄として称《たた》えられている日本人のことも紹介しておこう。

その人の名は誰あろう、後に東京裁判でA級戦犯として死刑判決を受け、処刑された「東條英機」である。

1943（昭和18）年7月、シンガポールで、インド独立連盟総裁の地位をチャンドラ・ボースに移譲して同連盟の最高顧問に就任したビハリ・ボースは、かつて日本軍がシンガポールを陥落《かんらく》させたことを次のように綴っている。

《イギリスの勢力を印度から完全に一掃しない限り、日本の理想とする大東亜共栄圏の確立は不可能なのである。東條首相は深くこの点に鑑《かんが》みられ、去る二月十六日シンガポール陥落報告の議会演説に於て、我々印度人に対し、一日も早くイギリスの束縛を脱却し、「印度人の印度」を建設することを要望された。（中略）ここに東條首相の断乎たる印度援助の声明を聞くことを得て、実に天にも昇る悦びである。今こそアジヤの復興する時が来たのだ。今こそ印度を、三百年に亘るイギリスの暴圧から解放す

る時が来たのだ》(ビハリ・ボース著『印度《インド》侵略悲史』東京日日新聞社)

東條英機首相は、大東亜戦争の緒戦からインドの独立を唱えていた。だからこそ、急進的なインド独立の闘士チャンドラ・ボースとも意気投合し、彼を高く評価していたのだ。

昭和18年6月、東條首相は来日したチャンドラ・ボースと会見し、その翌月にシンガポールでインド国民軍を閲兵《えっぺい》している。

そしてこの年の11月5日、東京でアジアの独立国7カ国の代表が参集して「大東亜会議」が開かれた。当時の日本の首相は東條英機で、中華民国からは国民政府行政院長・汪兆銘《おうちょうめい》、満州国からは国務総理大臣・張景恵《ちょうけいえい》、ビルマからバー・モウ首相、フィリピン共和国からホセ・ペー・ラウレル大統領、タイ王国からもワンワイタヤコーン殿下(ピー・ピブン・ソンクラム元帥の名代)に加え、オブザーバーとして自由インド仮政府の首班チャンドラ・ボースが参加し、アジアの独立と共存共栄を謳った「大東亜共同宣言」が採択(11月6日)されたのだった。

この会議でチャンドラ・ボースはインド独立の決意を訴えた。

「万が一我が同盟国(日本)が、没落することがあれば、少なくとも今後100年間は自由を得る望みがないのであります。インドにとりましてはイギリス帝国主義に対する徹底的闘争以外に道はないのであります。イギリスとの妥協はすなわち奴隷化を意味し、かかる妥協は決して行わないことを決意するものであります！」

ちなみに「人種差別撤廃」を謳った条項を含む5カ条の大東亜共同宣言は、次の通りだ。

〈大東亜共同宣言（現代語訳）〉

世界各国がお互いに助け合って共に万国が発展し、共栄するためには、世界平和の確立がその根本に必要です。

それにもかかわらず米英は自国の繁栄のためには他の国家や他の民族を抑圧し、特に東亜諸国に対しては、あくなき侵略と搾取《さくしゅ》を行い、東亜諸国を隷属《れいぞく》化する野望を逞《たくま》しくして、ついには東亜の安定を根底より覆そうとしています。大東亜戦争の原因はここにあります。

東亜の各国は連携して大東亜戦争を完遂し、東亜諸国を米英の強い束縛から解放して、その自存自衛《じぞんじえい》をまっとうするために、左記の綱領《こうりょう》に基《もと》づいて大東亜を建設し、世界の平和の確立に寄与します。

一、東亜諸国は協同して東亜の安定を確保し、道義に基づく共存共栄の秩序を建設する

一、東亜諸国は相互に自主独立を尊重し、互いに助けあい、東亜の親和を確立する

一、東亜諸国は相互にその伝統を尊重し、各民族の創造性を伸ばし、東亜の文化を高め合う

一、東亜諸国は互いに緊密に連携し、それぞれの経済を発展させ、東亜の繁栄を推進する

一、東亜諸国は世界各国との交流を深め、人種的差別を撤廃し、文化交流をすすめ、すすんで資源を開放し、世界の発展に貢献する

〈大東亞共同宣言（原文）〉

抑々世界各國ガ各其ノ所ヲ得相倚リ相扶ケテ萬邦共榮ノ樂ヲ偕ニスルハ世界平和確立ノ根本要義ナリ

然ルニ米英ハ自國ノ繁榮ノ爲ニハ他國家他民族ヲ抑壓シ特ニ大東亞ニ對シテハ飽クナキ侵略搾取ヲ行ヒ大東亞隷屬化ノ野望ヲ逞ウシ遂ニハ大東亞ノ安定ヲ根柢ヨリ覆サントセリ大東亞戰爭ノ原因ココニ存ス

大東亞各國ハ相提携シテ大東亞戰爭ヲ完遂シ大東亞ヲ米英ノ桎梏ヨリ解放シテ其ノ自存自衛ヲ全ウシ左ノ綱領ニ基キ大東亞ヲ建設シ以テ世界平和ノ確立ニ寄與センコトヲ期ス

一、大東亞各國ハ協同シテ大東亞ノ安定ヲ確保シ道義ニ基ク共存共榮ノ秩序ヲ建設ス

一、大東亞各國ハ相互ニ自主獨立ヲ尊重シ互助敦睦ノ實ヲ擧ゲ大東亞ノ親和ヲ確立ス

一、大東亞各國ハ相互ニ其ノ傳統ヲ尊重シ各民族ノ創造性ヲ伸暢シ大東亞ノ文化ヲ昂揚ス

一、大東亞各國ハ互惠ノ下緊密ニ提携シ其ノ經濟發展ヲ圖リ大東亞ノ繁榮ヲ增進ス

一、大東亞各國ハ萬邦トノ交誼ヲ篤ウシ人種的差別ヲ撤廢シ普ク文化ヲ交流シ進ンデ資源ヲ開放シ　以テ世界ノ進運ニ貢獻ス

誰がどうみても「日本の侵略を正当化するもの」などというものではなく、現代でもそのまま適用できる素晴らしい宣言文であり、現在のAPEC構想の基礎ともいうべきものなのだ。

いずれにせよこのようにインド独立に深く関わった東條英機首相は、いまでもインドで高く評価され尊敬を集めている。

2006（平成18）年3月19日、カルカッタのチャンドラ・ボース記念館で「東條

英機に感謝をする夕べ」が催された。そこには、館長であるチャンドラ・ボースの甥嫁クリシュナ・ボース氏に招待された東條英機元首相の孫娘・東條由布子《ゆうこ》氏（平成25年2月逝去）の姿があった。

まずはクリシュナ・ボース氏が演壇に立った。

「今日は、特別な日で歴史に残る日です。なぜなら、本日、元内閣総理大臣・東條英機氏の孫である東條由布子さんにご出席いただいているからです。本当に私たちの協会にとって歴史に残る日です。（中略）1943年6月10日、戦争の頃、ネタジが日本を訪れたとき、東條氏は彼に多くの援助をしてくれたのです。そして、彼らはお互いに好感を抱いたのです。東條氏にとってネタジとの出会いは、大変印象深いものでした。ある人は、『東條氏は、ネタジ・スバス・チャンドラ・ボースによって魅了された』と話しています」（杉浦明俊氏訳、以下同）

クリシュナ・ボース氏のスピーチに登場する「ネタジ」とは、インド国民軍最高司令官チャンドラ・ボースに対する敬称で、インドの言葉で「指導者」の意味である。

クリシュナ・ボース氏は続けた。

「ネタジが東條氏と最後に会ったのは、1944年11月頃、東京を訪れたときでした。もちろんそのとき、東條氏はすでに総理大臣ではなく、小磯《こいそ》（國昭《くにあき》）氏が総理大臣でした。しかしながら、ネタジは東條氏に会いに行ったのです。このときの出来事について、私は後になって、東條夫人と娘さんからお話を聞きました。それによると、ネタジは、「家の玄関で軍靴《ぐんか》を脱ごうとし、東條氏が『脱がなくていいよ』といっても聞かず、『それはいけないことでしょう？』といって、軍靴を脱いで部屋に上がったそうです。すでに東條氏は総理大臣ではありませんでしたが、ネタジは東條氏の自宅を訪れることができてたいへん喜んでいたようです」

さらにクリシュナ・ボース女史は、参加者に向かってこう訴えた。

「皆さんもご承知のように、戦争が終わり、敗者への裁判が開かれました。その裁判は、決して中立・公正というものではありませんでした。しかし、私たちが大変誇りに思うのは、その裁判には、ラダ・ビノード・パール判事が参加されていたことです。そしてパール判事はただ一人、他の裁判官と異なった反対意見を述べたのです。このことにより、日本の関係者の間ではパール判事はいまなお篤《あつ》い信頼を集めておられます」

実は戦後、クリシュナ・ボース女史ご自身も東條家を訪れ、勝子夫人に会っている。このとき、仏前で手を合わせたクリシュナ・ボース女史らを見た勝子夫人はずっと泣いていたという。そしてクリシュナ・ボース女史らが帰ろうとしたとき、勝子夫人がクリシュナさんの手を取って頬の上に置いて泣き始めた。このときの様子についてクリシュナ・ボース女史は次のように語っている。

「私の指と指の間から、彼女の涙が伝わり落ちました。その時私は、もし勝子夫人が、私の国の言葉が分かるなら、彼女に、ある歌を唄って差し上げたかった」

その歌というのは、「戦士の妻よ、立ち上がっておくれ。その頬の涙を拭いておくれ」というものだった。

言葉は通じなくともおそらく二人の心はしっかりと通じていたことだろう。

この式典で東條由布子氏は基調講演を行った。東條氏は詰めかけた聴衆を前に語りかけた。

「60年前のアジアの情勢に思いをいたしますとき、多くのアジア諸国は数世紀に及ぶ西欧諸国による植民地政策に呻吟《しんぎん》しておりました。貴国インドの英雄スバス・チャンドラ・ボース閣下は、祖国を、イギリスの植民地から解放する運動の支援を得るためにはるばる日本にやって来られました。閣下の独立達成の悲願と確固たる信念と真摯《しんし》な人柄に感動した東條英機は、インドの植民地解放に向けて共に闘う誓いをいたしました。そしてアジア諸国の植民地からの解放という高邁《こうまい》な理念を掲《かか》げて開催された大東亜会議へ、インド代表としてスバス・チャンドラ・ボース閣下を招聘《しょうへい》したのです。

大東亜会議の写真をクリシュナ・ボース氏に贈る東條由布子氏

アジア諸国から多くの指導者が参加された大東亜会議を日本で開催したことを、日本にとっても、また首相であった東條にとってもどれほど光栄に思ったかしれません。祖父の応接間の真ん中に、大東亜会議の大きな写真がいつも飾られていました。また、国会議事堂前にアジアの指導者たちが凛《り》々《り》しく並ばれた写真に多くの日本人が感動いたしました」

そして東條由布子氏はつづけた。

「今日のこの嬉しく晴れがましい日に、私は、祖父が一緒だったらどんなに喜んだであろうと思いながら参りました。日本人は、スバス・チャンドラ・ボース閣下と共に、東京裁判において日本人被告に無罪判決を下された、人格高潔なパール博士への尊敬の念と感謝の思いは未来永劫忘れることはないでしょう」

大東亜戦争を〝侵略戦争〟として糾弾《きゅうだん》したいマスコミは、こうした事実を一切報道しない。

しかし我々日本人はこの事実を知っておく必要がある。

そして終戦直後の台湾で、航空機事故で亡くなったチャンドラ・ボースの遺骨は、いまも東京都杉並区の「蓮光寺《れんこうじ》」に安置されていることも添えておこう。

ガンジーの愛国心

ラージガート――1948（昭和23）年に暗殺されたマハトマ・ガンジーが火葬された場所である。

通常インドでは火葬された遺灰は川に流されるため墓地はない。むろんマハトマ・ガンジーもその例にもれないのだが、せめてガンジーが荼毘《だび》に付された場所だけは残しておこうとこのラージガートが造られたのだった。そしていまではインド各地からやってくる人々の聖地となっている。

だがこのラージガートは、マハトマ・ガンジーの生き方を表すかのようにあくまでも質素で、インドを支配してきた歴代王朝の遺跡にみるきらびやかさはない。敷地の中央には黒大理石の慰霊碑があり、そこには彼が凶弾に倒れたときに発した「ヘイ・ラーム」（おお神よ）という最期の言葉が刻まれている。そしてこの慰霊碑のそばにはガンジーが荼毘に付されたときの神聖な炎がガラスケースの中に保存されている。人々はこの黒大理石の前に跪《ひざまず》いて思い思いのスタイルで祈りを捧げる。その姿は、まさに聖地巡礼のようだ。

筆者がこのラージガートを訪れたとき、ちょうどインド人の大家族が参拝していたのでインタヴューしてみた。すると彼らは、デリーから1500キロ離れたマハトマ・ガンジーの生まれ故郷であるグジャラート州から1週間かけてバスでやって来たという。

一人の女性がいう。

「ガンジーは我々にとって神様です」

こうして小さな子供から年配者までもが口々にガンジーを称え、そして感謝の誠を捧げるのだ。

日本でも〝不戦・平和〟のシンボルのように語られることの多いマハトマ・ガンジーは、人々に「非暴力・不服従」を説いて回った。だがそれの意味するところは、他人への暴力の否定だけでない。支配者には「不服従」を貫くため、自分が殺されることの覚悟も含んでいるのである。そしてなによりその根底には国家建設のための「愛国心」がある。

したがって、「戦うのも、死ぬのもいや」おまけに「愛国心は危険」「愛国心を教育の現場で強制すべきでない」と声を荒げる日本の「反戦平和主義」とはまったく異なるのだ。ところがこうした連中にかぎってガンジーを平和・不戦のシンボルのようにいう。彼らに担ぎ上げられるガンジーは、さぞや黄泉《よみ》の国で迷惑しているに違いない。

そして意外な事実だが、ガンジーは最下層の身分の人々を救おうとしたが、「カースト制度」そのものを否定していたわけではなかったという。

首都デリーでは、生前のマハトマ・ガンジーの活動の拠点となった「ガンジー・アシュラム」という修養所がいまも運営されている。

このガンジー・アシュラムは、社会から差別を受けて生活することも困難であった最下層のハリジャンに教育や職業訓練を行った場所で、ガンジー亡き後の現在も同様にハリジャンの子供達が集団で生活し、教育を受けている。

いまでこそ身分制度は法律で禁じられ、ハリジャン（不可触賤民《せんみん》）と呼ばれる最下層の人々を救済する制度もあるのだが、依然、インドには教育も受けられず路上生活

ガンジー・アシュラムに建つガンジーの胸像（左）。子供達は、ここで心の豊かさを学んでいる（上）

に近い暮らしをしている人々は多い。ちなみに「ハリ」はインドの言葉で「神」、「ジャン」は「子」であり、つまり「ハリジャン」とは「神の子」を意味する。

現在、ガンジー・アシュラムは、ガンジー財団によって運営されており、敷地内にはマハトマ・ガンジーの自筆の手紙などが展示された資料館や、ガンジーが静かに祈りを捧げた礼拝堂、そして彼が晩年を過ごした住居などが残されている。

なかでもガンジーが過ごした質素な住居には感動を覚える人も多いだろう。

マハトマ・ガンジーは、自らの言葉と信念に忠実であり続け、貧しい最下層の人々と生活を共にし、そして質素な住居に暮らしていたのである。このことからもインド国民が彼を慕い、心から尊敬する理由がよくわかる。ひたすら利権を貪《むさぼ》ることしか関心のない日本の政治家に見習ってもらいたいものである。

ガンジー・アシュラムで学ぶ子供達の親は、貧しさゆえに教育を受けられなかった。だがこの施設では、そうした親達に代わって子供達に立派な教育が施されている。そうした教育の成果だろうか、子供達の目は輝いていたのが印象的だった。私がこの施設を訪れたときも、施設で寄宿生活する子供達が満面の笑みで迎えてくれた。

そして、小さな家の軒先から元気な子供の声が聞こえてきたので家の中を覗《のぞ》いてみると、そこには老婆と幼い3人の子供が立っていた。

私を見つけた4、5歳くらいの女の子が人懐っこい笑顔をくれたので、私は、バッグの中のビスケットを取り出してその女の子にあげた。すると女の子は丁重に挨拶してビスケットの袋を開けると、驚いたことにまず二人の幼い弟に1枚ずつビスケットを配り、次におばあちゃんに1枚、そして最後に自分が口にしたのだった。

私はその姿に感動して涙がこみ上げてきた。こんな幼い子供が、自分がもらったものをまずは幼い弟に食べさせてやろうという気持ちがいじらしかった。こんなに不自由なく生活し、はびこる利己主義の中で甘やかされて育った現代の日本の子供達にはおそらくこんな真似はできないだろう。

この子らは物質的には貧しい。しかしたとえ貧しくても、日本の子供達よりもずっと心が〝裕福〟であるように思えてならなかった。

何が幸せで何が不幸せなのか、インドはそんな人生観を教えてくれる国なのだ。

インドというオプション

近い将来、中国を抜いてアジア最大の国となるインド。

長く中国と対峙してきたインドの対日感情はすこぶる良い。アンケートでも日本が最も好きな国の第1位であるという。

近年、インドは、IT産業を中心に著《いちじる》しい経済発展を遂げており、今後日本との経済交流が一層期待されている。共産党一党独裁の大国とは異なり、インドは自由・民主主義という政治理念を共有できる。

またインドは、中東から延びる日本のシーレーンを見守るように位置しており、シーレーンの安全確保のためにも同国との友好関係は不可欠なのだ。

平成17（2005）年、小泉純一郎首相がインドを訪問し、日印両国の安全保障・軍事交流を進めてゆくことで合意したほか、自衛隊の各幕僚長が相次いでインドを訪問して両国の交流が活発化した。また平成18年5月25日には日本を訪れたインドのプラナーブ・ムカジー国防大臣が、額賀福志郎防衛庁長官と会談して両国は戦略的パートナーシップとしてさらに交流を深めてゆくことで合意するなど、インドとの関係強化が行われてきた。

これを継いで第1次安倍政権下ではインドとの関係強化が明確に打ち出された。この外交姿勢は、近年稀《まれ》にみる日本政府の「戦略外交」として大いに期待された。ところが残念なことに、安倍政権が短命に終わったために日印関係がさらなる関係強化のステージに進まなかった。

その後、平成20年、麻生太郎首相は、インドのシン首相との会談で対テロなど安全保障協力のための安保共同宣言に署名し、インドにおける鉄道建設にも巨額の経済支援を表明するなどしたが、以後の政権下では〝戦略的パートナー〟としての踏み込んだ関係強化は行われていない。

そして平成24年、再び安倍政権が誕生し、念願であったインドとの関係強化が驚くべきスピードで進みはじめた。

日印関係の強化は、対中戦略の観点からも、また日本の海上交通路の安全確保のためにも、そしてさらに将来の日本経済のためにもおおいに歓迎したい。

かつて日本は、経済的活路を中国大陸に求め、結果的にあらゆる意味で大きな損害を被った苦い経験がある。にもかかわらず、現代日本の極端な中国依存状態は、70年前とそっくりではないか。大陸における日本の経済活動の拡大と激化する反日運動という構図に〝過去〟を重ね合わせるのは決して筆者だけではないだろう。

日本は今後、アジア最大の民主主義国家であり親日国家であるインドとの関係を強化し、安全保障上の連携を深めるとともに、これに連動して資源供給先と生産拠点をインドにシフトしてゆくことを検討する必要があろう。

日本はいま、インドというオプションを選択すべき岐路《きろ》に立っている。

そしてインドは日本と共に大東亜戦争――インドにとっては対英独立戦争――を戦ったという歴史観を共有できる国であることを忘れてはならない。

先にも述べたが、インドのラダ・ビノード・パール判事は、東京裁判そのものの違法性を訴え、戦犯として訴追《そつい》された日本人全員を無罪だと主張した。残念ながら現代の日本人にはこの事実はほとんど周知されていない。このバランス感覚あるインドの歴史観が日本に伝わってくれれば、日本人の多くは、歪《いびつ》な歴史観に汚染された戦後教育の呪縛から目覚めることができるだろう。またインドの健全な歴史認識が国際社会に流通すれば、とりわけ中国がその対日外交・対日戦略で乱発する〝歴史カード〟を無力化することもできる。

戦後日本の外交・安全保障そして教育の最大の障害は、いわゆる「東京裁判史観」であり、この軛《くびき》を払拭できなければ日本は永久に骨抜き国家として大国に隷属《れいぞく》し続けることになるだろう。

そのためにも、いま日本にとってインドが必要なのだ。

第2章

【フィリピン】白人への最後の抵抗と勇気を敬っています

アジアの中の〝ラテン〟

市内は、「ジプニー」と呼ばれるド派手な乗合タクシーがひしめき合い、凄まじい交通渋滞を引き起こしている。

熱気と喧騒《けんそう》が渦巻くフィリピンの首都マニラ――。

高層ビルとトタン屋根のバラックが同居するこの町には、富の配分に極端な格差があった。ところによっては、歩道にゴミが溢れかえり、マニラ湾に注ぐパシグ川の支流もゴミ捨て場と化している。そんなスラムのような地区では、働き盛りの若者が昼間から軒先でたむろする姿もよく見かける。

それもそのはず急激な経済発展を遂げるＡＳＥＡＮ諸国の中にあって、この国の失業率は７％（２０１３年）を超えているのだ。

そんなフィリピン経済を底辺で支えているのがＯＦＷと呼ばれる海外出稼ぎ労働者

マニラ市内にはスペイン風の町並みが残っている

である。彼らの送金額はGDPの実に25％を占めており、フィリピン経済への貢献度はすこぶる高い。〝卵が先か鶏が先か〟、フィリピンにはPOEA（海外雇用庁）という独特の官庁もあり、こうした海外出稼ぎ労働者の雇用を管轄しているというのだから恐れ入る。

そんな経済の低迷にもめげることなく、フィリピンの人々は明るく暮らしている。発展を遂げる他のASEAN諸国に追いつこうと懸命にもがきながら、それでも逞しく、そして明るく生きるフィリピンの人々のバイタリティーに、現代の日本人は見習うべきなのかもしれない。

東南アジア諸国の中でもとりわけ陽気で人懐っこいフィリピン人は、アジアの気質よりもむしろ〝中南米〟に近いように見える。もっともフィリピン人の名前は、マルコス、ラモス、サルバドールといったスペイン風の名前が大勢を占め、標識や看板が全てアルファベットで表記されていることも中南米諸国を想起させる。

そもそも〝Philippines〟という国名そのものが、スペイン国王フェリペ2世に因《ちな》んでつけられたものであり、この地が世界史上に登場した16世紀からアメリカの植民地となる19世紀末までのおよそ300年にわたってスペインの植民地でありつづけた。したがってこの国に〝ラテン〟の空気を感じても不思議ではない。

スペインの統治によって、フィリピンの先住民は、「生活習慣・宗教上の大きな変化を強いられた。そしてスペインの植民地支配の典型といえる、現地人との通婚による人種の交配が行われたのである。目鼻立ちのはっきりしたエキゾチックな顔立ちの人が多いのはそのせいもあるだろう。こうしたことからフィリピンの〝面構え〟は、「どうしてもスペイン統治を経験してきた中南米諸国に酷似してしまうのである。

1521年、かの冒険家・マゼランがセブ島へ上陸、その後、1571年にマニラに首都がおかれ、初代総督・レガスピによってフィリピンの植民地統治がはじまった。ところがフィリピンは、スペイン本国の直接統治ではなく、当時スペインの植民地であったメキシコの副総督がフィリピン総督を兼任していたのである。またこのこともフィリピンの〝お国柄〟の形成に大きな影響を与えたのだろう。

サンチャゴ「記念碑」への疑念

マニラ市内を流れるパシグ川沿いの古い城壁都市「イントラムロス」は、スペイン統治時代を偲ばせる。なかでも赤レンガで築かれたサンチャゴ要塞は、かつてこの地を治めたスペイン帝国の往時の威光を現代に語り継ぐ最大の遺跡の一つである。

ちなみにこのサンチャゴ要塞は、スペイン統治時代には牢獄として使われ、その後、20世紀初頭には在比米陸軍司令部、そして日本の憲兵隊司令部として歴代の統治者を見つめてきた歴史の生き証人でもある。

1941（昭和16）年当時、米陸軍司令部は旧跡サンチャゴ要塞内に置かれ、かのダグラス・マッカーサー将軍もここで在比米軍の指揮を執っていた。だが、大東亜戦争開戦劈頭の日本軍航空部隊による空襲と、これにつづく陸軍第14軍（司令官・本間雅晴中将）の快進撃によって、米軍はバターン半島南端に追い詰められてついに日本軍に降伏する。

ところがその3年後、米軍は圧倒的物量を背景にフィリピンの奪還をはかり、日米両軍はマニラを舞台に激しい戦闘を繰り広げた。

マニラを死守せんとする岩淵三次《さんじ》少将率いる海軍部隊が米軍を迎え撃ち、日本軍はサンチャゴ要塞に立てこもって、徹底抗戦を続けたのである。

サンチャゴ要塞の壁には、いまも当時の弾痕を確認することができる。

そんな要塞の一角に、「1945年2月下旬、この要塞の中で、日本軍の残虐行為によって殺された約600人の身元不明フィリピン人の遺体が発見された。このことは、フィリピンの人々の心に刻まれ永遠に記憶されよう」という主旨の英文で記された記念碑がある。

私は、不思議でならなかった。

多くのフィリピン人が戦闘に巻き込まれて亡くなっているにもかかわらず、なぜ日本軍に殺されたとされる600人を特筆し、碑文に怨讐《おんしゅう》を込める必要があったのか。

もっとも、フィリピンにおける戦闘で、日米両軍は、それぞれ50万人と5万人の戦死者を出したが、フィリピン人は軍民合わせてなんと180万人が犠牲になったといわれている。もちろん日本のメディアやサヨク人士の手にかかれば、そのおびただしい数は、「日本軍のせい」となってしまうだろう。

しかし、ここでよく考えねばならない。

当時、補給物資を満載した日本の輸送船はフィリピン到着前にことごとく沈められ、それでなくとも弾薬が乏しかった日本軍はさらに窮乏《きゅうぼう》し、大砲があっても撃つ砲弾がない状態だった。

フィリピンで実際の戦闘を経験した元陸軍砲兵将校・河合武郎氏の著書『ルソンの砲弾』『ルソン戦記』（光人社）を読めば当時の窮迫した弾薬事情がよくわかる。一発必中で撃たねばならなかった日本軍砲兵の苦労は計り知れぬものがあり、迫り来る米軍部隊に向けて撃つ弾を制限していた状況で、どうして無差別に市街地や村落を砲撃できようか。

こうした現象は、歩兵も例外ではなく、小銃弾が残り少なくなれば狙撃兵のように〝一発入魂〟で敵兵を射抜かねばならなかった。もちろん戦争中であるから、無辜《むこ》の市民が巻き添えとなり、あるいはゲリラの嫌疑をかけられて殺された例もなくはなかろう。がしかし、当時の日本軍が、どうやって何十万人もの民間人を殺戮《さつりく》できようか。繰り返すが、日本軍には米軍に反撃する弾薬すらなかったのだ。

この時代を生き抜いたフィリピン人の老人がこう証言する。

「当時、たくさんのフィリピン人がアメリカの爆弾で死んだんだよ。飛行機からも、軍艦からも、戦車からも……。あれじゃ、ネズミも生きちゃいられないよ」

フィリピンの戦いでは、米軍は日本軍が潜む建物に徹底的な砲爆撃を加え、また無差別爆撃や艦砲射撃をためらわなかった。結果として、米軍の攻撃によっておびただしい数のフィリピン人が巻き添えになったのだ。

つまり、こうした忌《い》まわしい過去を消すために、そしてフィリピン人の怨讐を日本軍にすべて責任転嫁するために、サンチャゴ要塞の記念碑がことさら強調されているのではないだろうか。

フィリピンでは、多くの民間人が米軍の攻撃の犠牲になった史実はもはや〝常識〟であり、米軍のフィリピン奪還を〝解放〟とみるのではなく、〝再占領〟あるいは〝再植民地化〟と捉える人も少なくない。

他方、日本ではマスコミや一部国会議員が懸命に〝日本の戦争責任〟とやらを吹聴してまわるので、歴史の真実が闇に葬り去られようとしているのが残念でならない。まったく始末の悪い話である。

独立を封殺した〝アメリカ帝国主義〟

１８９８年、スペイン領キューバを巡るスペインとの「米西戦争」を契機に、アメリカ合衆国は太平洋の島々を次々と自国領に組み入れていった。

一方、この米西戦争をフィリピン独立の好機ととらえたフィリピン人の独立運動家エミリオ・アギナルドは、1898年6月に独立を宣言し、翌年には初代大統領に就任した。

これで300年以上にもわたるスペインの植民地支配は終焉し、ついにフィリピンが独立するはずだった。だが、アメリカがそれを許さなかった。

スペインとの覇権戦争中にハワイを併合したアメリカは、米西戦争の講和条約（1898年12月10日パリ条約）によって、なんとスペインからグアム、フィリピンを獲得していたのだった。アメリカは、フィリピンがその半年前に独立を宣言していたことを黙殺し、スペインに代わってフィリピンの新しい宗主《そうしゅ》国となったのである。

むろんフィリピンは激しく抵抗した。

ここに3年にわたるフィリピンの第2次独立戦争ともいうべき「米比戦争」が勃発した。

フィリピンは、スペインとの独立闘争が終わるや、今度はアメリカと戦わねばならなかったのである。白人の優越感や奢《おご》りは、有色人種の自由と希望をいとも簡単に奪っていったのだ。

19世紀から20世紀半ばまでの世界の紛争の原因は、こうした白人国家の覇権主義に因《よ》るものであったことは覆うべくもない事実である。

また、フィリピンを手に入れたアメリカは、即刻次なる標的である清国への市場参入を正当化するため、１８９９年に他の列国に対して門戸開放宣言を提唱。ひたすら太平洋を西へ突き進んできたアメリカの帝国主義的西進運動が、ついに中国大陸に達したのである。

そしてその延長線上にアメリカの「対日戦争」があった。１９４１（昭和16）年に戦端が開かれた日米戦争は、当時の情勢を客観的にみれば露骨なアジアへの覇権が引き起こしたアメリカの侵略戦争だった側面は否定できまい。

「米西戦争でたくさんのフィリピン人が殺されたんです。フィリピンは白色人種によって全てを奪われたんですよ。スペインが去った後、アメリカはフィリピンに英語を強要し、アメリカの植民地にしてゆきました」

フィリピン人通訳のマリオ・ピネダ氏は、フィリピン人は白人国家間の覇権争いの犠牲者だとしてつづけた。

「アメリカは、アジアにおける唯一の植民地フィリピンを徹底的に弾圧しました。アメリカの国旗に頭を下げない人々は皆グアム島に送られたんですよ。グアム島の人口の30％がフィリピン系である理由にはこうした歴史的背景があります」

そんな歴史を知る日本人は果たしてどれほどいるだろうか。

さらにピネダ氏は、戦後の日本人を蝕む自虐史観を木っ端微塵《こっぱみじん》に粉砕した。

「かつて日本の統治を受けた台湾や韓国を見てください。立派に経済的な繁栄を遂げているでしょう。これは日本の〝教育〟の成果です。ですが、アメリカの統治を受けたフィリピンでは、人々は鉛筆すら作ることができなかったのですよ。アメリカが自分達の作ったものを一方的にフィリピンに売りつけてきたからでした」

自由・民主主義というアメリカン・イデオロギーだけでなく、あらゆる〝メイド・イン・USA〟を世界一と奢るアメリカは、聞こえのよい言葉とは裏腹に、植民地フィリピンに対して実に大胆な愚民化政策を行っていたのである。

と同時に、日本統治時代の台湾・韓国における〝日本教育〟に対する高い評価が、フィリピンにまで届いていたことは正直いって驚きだった。

そしてピネダ氏は、「フィリピンはいまでもアメリカのパペットレジーン（操り人形）ですよ」と呟き、苦笑いを浮かべるのだった。

写真が語る日本軍の実像

大東亜戦争の開戦劈頭、在比米空軍を殲滅《せんめつ》した日本軍は、先遣隊をルソン島に上陸させ、フィリピン攻略戦の準備に取りかかった。

昭和16（1941）年12月22日、本間雅晴中将率いる陸軍第14軍の第48師団（土橋勇逸《ゆういつ》中将）がリンガエン湾に上陸を敢行。これに遅れること2日、第16師団（森岡皐《すすむ》中将）がラモン湾に上陸し、ルソン島の西から挟撃するようにマニラを目指した。

そして昭和17年1月2日、米軍はバターン半島に退却し、ついに首都マニラは陥落。この時点で大本営は、第14軍最強の第48師団をインドネシアへ転出させてしまったのである。代わって軽装備の第65旅団（奈良晃《あきら》中将）がバターン半島に逃げ込んだ敵の追撃を開始した。ところが米軍は、密林に覆われたバターン半島に幾重もの防御陣地を構築しており、日本軍は手痛い打撃を被ることになったのである。

第65旅団は、半島南部にそびえるサマット山の攻防戦で兵力の60％を失ったという。開戦劈頭のあの快進撃の最中、日本軍がかくも大損害を受けていたことはあまり知られていない。

第1次バターン攻略戦が失敗したことを重くみた大本営は、砲兵・航空部隊など兵力を大幅に増強して第2次総攻撃に備えた。

昭和17年4月3日、サマット山に籠る米軍に対して重砲による日本軍の猛烈な攻撃が始まった。弧を描く砲弾が次々と敵陣地で炸裂し、砂塵を巻き上げ大地が揺れた。そして4月9日、ついにキング少将が降伏し、バターン半島は日本軍の手に陥《お》ちたのである。

半島最大の要衝マリベレス山頂に日章旗が翻ると、歓喜の万歳は止むことがなかった。

その同じ日のインド洋では、南雲忠一《ちゅういち》中将率いる海軍の第1航空艦隊が英空母「ハーミス」などを撃沈し、この方面の英国海軍を駆逐することに成功した。この頃の日本軍は、まさに向かうところ敵なしだったのである。

バターン半島攻略戦は、そんな勝ち戦の一コマだった。

いまもこの日米大砲撃戦の戦跡・サマット山の頂上には、巨大な十字架が建てられ、当時布陣していた米軍の野砲がマニラ湾を睨みつづけている。

マニラ湾から吹き上げる風を全身で受け止めながら目を閉じれば、殷々《いんいん》たる砲声と山頂を攻め陥とした日本軍将兵の歓喜の声が聞こえてくる。

そのサマット山頂のメモリアル地区には立派な戦争博物館もあり、往時を偲ぶことができる。そこには、戦後の日本でまったく報じられることのなかった日本軍の実像があった。当時のフィリピンの様子をとらえた1枚の写真が私の目を釘付けにしたのである。

写真のキャプションはこう記す。

〝THE JAPANESE MEDICAL CORPS RESPONDING TO THE PEOPLES NEEDS〟

つまり進駐した日本軍は、地元フィリピンの民衆の求めに応じて医療活動を行い、フィリピン人から歓迎されていたというのだ。

戦後の識者や政治家達は、日本軍の南方占領地における残虐行為なるフィクションを挙《こぞ》って声高に訴えてきた。がしかし、そうした虚構もこの1枚の写真によって一《いっ》蹴《しゅう》されることだろう。

他面、こうした展示は、フィリピンの公正さと客観性を世に訴えるものでもある。中国や韓国による歴史の捏造《ねつぞう》に比べて、フィリピンがいかに公正であるかがおわかりいただけよう。

〝死の行進〟の実相

バターン半島を制圧した日本軍将兵は、勝利の美酒に酔う暇はなかった。米比軍合

戦争博物館に展示された日本軍の医療活動を伝える写真

わせて実に7万を超える兵士が続々と投降してきたからである。

それはまた「バターン死の行進」という悲劇の始まりだった。

予想だにしなかったおびただしい数の捕虜《ほりょ》を、日本軍はバターン半島南端からサンフェルナンドまで移動させねばならなかったのだ。ところが日本軍には捕虜を護送するだけのトラックがない。したがってその移動は、徒歩以外に方法がなかったのである。むろん体力が衰え、マラリアに罹患《りかん》した捕虜にとって約60キロの行軍は、つらい移動になったかもしれない。しかし、敵弾に傷つき重装備の日本兵も同じだった。

炎天下の徒歩行進の途中に力尽きて息を引き取る者、脱走を試みるなどして銃殺される捕虜も出た。そうして１２００人の米兵と１万６０００人のフィリピン兵が亡くなったといわれている。

これが世にいわれる「バターン死の行進」なのである。

しかし日本軍は、サンフェルナンドからカパスまで米比軍捕虜を汽車で護送しており、捕虜達を虐待するために故意に歩かせたのではなかったというのだ。

「捕虜を汽車で護送した」などという事実を知らなかった私は、地元フィリピン人から聞かされたこの新事実に目を丸くし、驚きのあまり言葉を失ったのである。

これはいったいどういうことなのか。

捕虜たちはサンフェルナンド駅から汽車で護送された

なんと「バターン死の行進」の終着点といわれるサンフェルナンドには鉄道駅があった。いまは空き家となった赤レンガ造りの駅舎には、はっきり"SAN FERNANDO"とあり、雑草の下には鉄路も見える。当時、鉄道は首都マニラからサンフェルナンド北方44キロに位置するカパスまで敷かれていたのだという。

バターン半島南端のバガクとマリベスの2カ所から徒歩行進した捕虜達は、マニラ湾に面するピラルで合流し、サンフェルナンドまで歩き、そこから汽車でカパスまで護送されていたのだった。その後、収容所のあるオドネルまでの6キロを再び歩いたのである。

汽車の終着点カパスには広大な敷地に

いる。Capas National Shrine があり、かつてこのあたりに捕虜収容所があったと標されて

ところが、カパスという地名は、日本で耳にすることはほとんどない。

戦後、バターン半島南端からサンフェルナンドまでの徒歩行軍だけが日本軍の蛮行《ばんこう》として伝えられ、サンフェルナンドからカパスまでの汽車による護送の事実は抹消されてしまったのである。

もっともフィリピンの戦跡では、いたるところに"Death March"（バターン死の行進）の記念碑や表記があり、日本人には居心地が悪い。もちろん多くの米兵やフィリピン兵が行進の途中で倒れて亡くなったことは遺憾であり悲しい出来事であった。だが、日本軍は彼らを虐待するために歩かせたのではなかったことだけは確かである。

第14軍参謀長・和知《わち》鷹二《たかじ》中将は戦後次のように述懐している。

《水筒一つの捕虜に比べ、護送役の日本兵は背嚢《はいのう》を背負い銃をかついで一緒に歩いた。できればトラックで輸送するべきであったろう。しかし次期作戦のコレヒドール島攻略準備にもトラックは事欠く実情だったのである。決して彼らを虐待したのではない。もしこれを死の行進とするならば、同じく死の行進をした護送役の日本兵にその苦労の思い出話を聞くがいい》（『産経新聞』平成9年4月6日付）

敵前逃亡と「アイ・シャル・リターン」

バターン半島の掃討作戦が終わると、日本軍は難攻不落の要塞「コレヒドール」に向けて進撃を開始した。

コレヒドール島は、バターン半島の南端から約2キロの海上に浮かぶオタマジャクシのような形の要塞島である。マニラ湾の防御を目的として構築されたこの島の要塞には、当時大小合わせて56門の大砲が並び、その他76門の高射砲および機関砲が配備されていた。

まさに〝不沈戦艦〟であった。

昭和17（1942）年4月14日、コレヒドール島をめぐる攻防戦の火蓋が切って落とされた。

バターン半島南端に布陣した160門を超える日本軍の砲列は、砲身が焼けつくまで撃ちまくり、空からは爆撃機がコレヒドール要塞に襲いかかった。むろん、米軍もあらゆる火砲を動員して、対岸の日本軍陣地へ砲弾の雨を降らせて反撃した。

バターン半島の南端から眺めれば、手の届きそうなところにコレヒドール島がある。わずか2キロの距離で対峙し、ただ轟音《ごうおん》と砂塵の中にあった両軍砲兵の心境はいかであったろう。

なるほど、この砲撃戦の巻き添えを避けるためにも、バターン半島南端で投降してきた米比軍捕虜を、事前に北へ移動させなければならなかったのだろう。

まさしくこれこそが、本間雅晴中将の真意ではなかったか。

海外駐在経験が長く、〝親米英派〟などと陰口をたたかれながらもその姿勢を貫いた紳士を思えば、一層そう思えてくるのであった。

同年5月5日、激しい砲撃戦につづいて、陸軍第4師団・歩兵第61連隊の精鋭がコレヒドール島に敵前上陸を敢行。そこで壮烈な白兵戦が行われた。そして2日後の5月7日、在比米軍司令官ジョナサン・ウェーンライト中将は白旗を掲げ、在比米軍はついに日本軍の軍門に下ったのである。

フィリピンにおける日米の攻防約5カ月、攻める日本軍は勇敢に戦い、守る米比軍もまた〝一人〟を除いて立派であった。

その一人とは誰か。その人物の名はダグラス・マッカーサー。

日本軍との攻防戦最中の3月12日、マッカーサーは、妻子、幕僚、そしてフィリピン大統領マヌエル・ケソンら16名とともに部下を置き去りにして魚雷艇でコレヒドール島を抜け出し、ミンダナオ島から飛行機でオーストラリアへ脱出したのである。

オーストラリアに着いたマッカーサーは新聞記者を前にこう嘯《うそぶ》いた。

《大統領は私に、日本軍の前線を突破するように命じた。私の理解するところでは、それは日本にたいするアメリカの反攻を組織するためであり、その主たる目的はフィリピンの救出である。私は危機を切りぬけてきたし、私はかならず帰る》（半藤一利著『戦士の遺書』文春文庫）

この最後の「私はかならず帰る」が、かの有名な〝I shall return〟なのだが、彼は演説の中で、フィリピンから〝敵前逃亡〟してきた事について一切触れていない。

『戦士の遺書』の著者である半藤一利氏は、同書の中で、次のように述べている。

《〝逃亡〟ではなく、敵の前線突破である〟といいだしたところに、実にマッカーサーらしい見栄の張りようがある》

マッカーサーの〝I shall return〟にはもう一つの理由があった。

ウエストポイント（米陸軍士官学校）を首席で卒業し、フィリピンを最初の赴任地に選んで以来、マッカーサーは、フィリピンの米軍司令官（1928年）、フィリピン軍事顧問（1935年）、そして1941年にはアメリカ極東陸軍司令官としてフィリピンと関わりつづけた。

そこまで彼をフィリピンにこだわらせたことについて、豊島哲・上智大学教授（故人）は次のように述べている。

《「アイ・シャル・リターン」と全世界に公約した手前、また金鉱山への秘密投資といった利権を持ち、マニラ・ホテルの共同経営者でもあり、ケソンらフィリピン政界人らが待つフィリピンへの早期進攻が遅れることを危惧したマッカーサーは、海軍の戦略にケチをつけた》（『歴史群像シリーズ60　朝鮮戦争（上）』学習研究社）

つまりマッカーサーのフィリピン反攻作戦は、自己の利権のためでもあったようだ。彼は、そのためには、海軍のマリアナ諸島およびパラオ諸島への侵攻作戦にまでケチをつける始末だった。

〝I shall return〟

なんと狡猾で偽善に満ちた言葉であろう。

ではマッカーサー将軍とはいかなる人物だったのか。

『マッカーサーの謎』などで知られる米人作家ジョン・ガンサーの著書『天皇・FDR・マッカーサー』（内山敏訳、集英社）によれば、「彼のいちばん顕著な性格は、勇気についで、第二にはおそらくエゴであろう」という。

そのほかマッカーサーについては、さまざまな書籍で「利己的」「自惚《うぬぼ》れ」「独裁者」「傲岸不遜《ごうがんふそん》」と書かれ、そして「〝バターン死の行進〟の責任の一端はマッカーサーにある」という批判まである。

また部下を置き去りに逃亡した最高指揮官マッカーサーは、部下からどのように見られていたのか。

《コレヒドール島の地下壕に籠もったマッカーサーは、兵士らを3か月に一度しか見舞わなかったので兵士らの反感を買い、兵士らは「ダグアウト・ダグ（地下壕にいるダグラス）」という歌をつくってマッカーサーを嘲笑《ちょうしょう》した》（『朝鮮戦争（上）』）とある。

さらに自らはオーストラリアに脱出後、残された在比米軍司令官ウェーンライト中将に、「絶対に降伏してはならない」と、はるかオーストラリアから無責任な命令を出し続けた。そして、迫り来る日本軍にもはや抗す術はなく、部下を救うためにやむなく降伏を決意したウェーンライト中将に激怒し、マッカーサーは自らの保身のためにワシントンへ宛て次のように打電した。

《ウェーンライトは一時的に精神の安定を失い、そのため敵につけいられ利用されたものと信じている》（『戦士の遺書』）

彼は、自分の指揮の下での敗北をどうしても認めたくなかったのだ。おまけに戦後、マッカーサーはフィリピン戦の敗北を、ウェーンライト将軍の責任に転嫁していると いうから開いた口が塞がらない。自分は敵前逃亡しておきながら、自らの威信と保身のためならなりふりかまわぬ指揮官、それがダグラス・マッカーサー将軍の実像だったようである。

マニラ軍事裁判は復讐劇

東京裁判もマニラ軍事裁判も、この復讐裁判で殺された〝戦犯〟と呼ばれる戦没者は皆、マッカーサーの虚栄心の犠牲者といってよいだろう。

その顕著な例が第14軍司令官・本間雅晴中将の処刑である。

昭和20（1945）年8月30日、厚木に降り立ち、横浜のホテルニューグランドについたマッカーサーは、すぐにエリオット・ソープ准将を呼んで口頭で命令した。《東條を捕えよ、嶋田と本間もさがせ。そしてそのほかの戦犯のリストを作れ》（『戦士の遺書』）

対米開戦時の東條首相および海軍大臣・嶋田繁太郎大将に加えて、かつてのライバル本間雅晴中将を捕えろとはなんたることか。

そもそも本間雅晴は、フィリピン戦終結後の昭和17年8月31日には比島方面軍司令官を解任され、予備役に編入されていた終戦時は一民間人だったのである。それにもかかわらず、マッカーサーは自らの屈辱を晴らすためには、なりふり構わなかった。このときの訴因が、かの〝バターン死の行進〟という筋書きだったのである。マッカーサーは、自らの輝かしい軍歴に、「敗北」「撤退」という泥を塗った本間雅晴中将がどうしても許せなかったのだ。

《元気な人間ならどうということない収容所までの距離を歩かせたことが「バターン死の行進」として、後々まで問題になってゆく。この悲劇を作った原因は、マッカーサーの状況判断の甘さであった。その自らの罪を、彼は、14軍司令官本間中将を糾弾することで、うやむやにさせたかった。マッカーサーの私的裁判と言うべきマニラ軍事法廷は、どうしても本間雅晴を銃殺刑にさせなければならなかったのである》（上田信ほか著『実録　太平洋決戦　真珠湾奇襲からミッドウェー海戦』立風書房）

対米戦反対を唱えながらも、マニラを10日余りで陥落させ、占領地マニラで善政を敷いた智将・本間雅晴将軍は、その処刑を前にこういい遺した。

《私はバターン半島事件で殺される。私が知りたいのは広島や長崎の数万もの無辜《むこ》の市民の死は、いったい誰の責任なのかということだ。それはマッカーサーなのか、トルーマンなのか》（『戦士の遺書』）

昭和21年4月3日、本間雅晴陸軍中将〝戦死〟。享年58歳であった。

人類の正義と文明の名において、マッカーサーの行った裁判の名を借りたこの残虐行為は、いつの日か後世の歴史家によって裁かれるであろう。

マッカーサーの私的な復讐劇・マニラ軍事裁判で殺された名将は本間雅晴だけではなかった。

米軍反攻直前の昭和19年10月になって第14軍司令官としてフィリピンへ赴任してきた陸軍大将山下奉文《ともゆき》である。

かつては〝マレーの虎〟と恐れられた猛将・山下将軍も、この期に及んでは、もはや戦局打開の糸口は摑《つか》めず、1日でも敵の侵攻を食い止めるため持久戦を戦うほかなかった。

そして終戦の後、山下将軍は山を降り、敢えて「生きて虜囚《りょうしゅう》の辱《はずかし》め」を享《う》けたのである。

その理由はこうだった。

《私はルソンで敵味方や民衆を問わず多くの人びとを殺している。この罪の償いをしなくてはならんだろう。祖国へ帰ることなど夢にも思ってはいないが、私がひとり先にいっては、責任をとるものがなくて残ったものに迷惑をかける。だから私は生きて責任を背負うつもりである。そして一人でも多くの部下を無事に日本へ帰したい。そして祖国再建のために大いに働いてもらいたい》（同前）

終戦前夜、山下将軍は側近にこのように語っていたのである。

そして山下将軍はその思いをうたに込めた。

野山わけ
集むる兵士十余万
還りてなれよ
國の柱に

山下将軍は、十余万の部下を無事復員させることに全力を傾けたのだった。

この山下将軍を正義の名の下に裁き、処刑したのは誰あろう、部下を置き去りに敵前逃亡し、そして敗戦の責任を部下に押し付けた、かのダグラス・マッカーサー将軍だったのである。

マニラ軍事裁判で、山下将軍の弁護人であった米国人フランク・リールはその著書

譬的であった》

『山下裁判』(下島連訳、日本教文社)で次のように書いている。

《祖国を愛するいかなるアメリカ人も消しがたく苦痛に満ちた恥ずかしさなしには、この裁判記録を読むことはできない……。われわれは不正であり、偽善的であり、復讐的であった》

昭和20年9月2日、東京湾に浮かぶ戦艦ミズーリ艦上で降伏文書調印式が行われた。そのとき、文書にサインするマッカーサーの背後に立つ二人の米英軍将官がいた。実はその一人がウェーンライト中将で、もう一人は、シンガポールで山下将軍に降伏した英軍アーサー・パーシバル将軍である。2通の文書に2本のペンでそれぞれサインを終えたマッカーサーは、そのペンをそれぞれ二人の将軍に渡したという。まさにマッカーサーの執念の表れだった。

神風特別攻撃隊の誕生

昭和19(1944)年6月15日、サイパンに押し寄せた米軍は、その圧倒的な物量をもってテニアン、グアムに襲いかかり、マリアナ諸島の日本軍守備隊は次々と玉砕《ぎよくさい》していった。

同年7月18日、東條内閣は「絶対国防圏」を失った責任をとって総辞職。

9月15日には、パラオ諸島で日米両軍の死闘が始まり、10月の声を聞くや、米軍はフィリピン奪還作戦の露払いとして在台湾の日本軍航空戦力を殲滅すべく台湾各地に激しい空爆を開始した。日本海軍は持てる航空戦力を同方面に投入して来寇《らいこう》する米艦隊を迎え撃った。これがフィリピンの戦いに大きな影響を与えた「台湾沖航空戦」である。

そんな最中の10月17日、その数十万の上陸部隊（指揮官ウォルター・クルーガー中将）を載せた400隻の輸送船と、戦闘艦艇、補助艦艇合わせて300隻余を誇るトーマス・キンケード海軍中将の第77機動部隊が暴風雨のレイテ湾に姿を現したのである。

もはや一歩も譲れない日本軍と、対日戦に王手をかけたい米軍、いままさに壮絶な戦いがフィリピンで繰り広げられようとしていた。

日本にとってフィリピンは、南方の資源供給地との中間に位置する要衝であり、アメリカの手に陥ちれば、日本の継戦能力は潰《つい》えてしまう。したがって日本軍はどんなことがあってもフィリピンを守り抜かねばならなかった。

まさしくフィリピンの戦いは大東亜戦争の天王山だった。

その結果、日本軍は50万人という膨大な兵力を失って敗退したのである。それは大東亜戦争における戦歿《せんぼつ》者の4分の1に相当する人数であった。

そして歴史にその名を残す〝神風特別攻撃隊〟が誕生したのもフィリピン決戦だった。

栄光の連合艦隊は、この比島沖海戦で事実上壊滅した。

比島沖海戦より後、残存する日本海軍艦艇が、終戦までに敵艦艇を撃沈したのは、私の調べによればわずか5隻でしかない。

しかも水上艦艇による戦果は、昭和19年12月3日の駆逐艦「竹」による米駆逐艦「クーパー」撃沈だけである。

そのほかは全て潜水艦による戦果だった。伊45潜水艦による駆逐艦「エバソール」撃沈（昭和19年10月28日）、呂46潜水艦による米兵員輸送艦撃沈（昭和20年1月29日）、呂50潜水艦による米戦車揚陸艦撃沈（昭和20年2月11日）、そしてかの伊58潜水艦による米重巡「インディアナポリス」撃沈（昭和20年7月30日）は、日本海軍艦艇による最後の撃沈戦果となった。

がしかし戦史によれば、比島沖海戦から終戦までの約10カ月間に日本軍によって撃沈破された連合軍艦艇は280隻に上っている。この数には、沿岸砲による被害や、触雷、衝突等の事故による損失は含まれず、また艦艇同士の戦闘による先の5隻も含まれていない。

それは世界戦史上、他に類例をみない〝特攻攻撃〟による戦果だったのである。

昭和19（1944）年10月25日午前9時23分、栗田艦隊は米空母部隊の追撃を中止した。これで米艦隊は日本艦隊の強力な砲撃の難を逃れることができた。ところが栗田艦隊の追撃を逃れた米護衛空母部隊に息つく暇はなかった。午前10時40分、250キロ爆弾を抱えた5機の零戦が突然襲いかかったのである。それは、同日午前7時25分にフィリピン・ルソン島のマバラカット基地を飛び立った関行男大尉率いる神風特別攻撃隊「敷島隊」だった。

撃ち上げる対空砲火をものともせず、敵空母へ真一文字に突っ込んでゆく零戦。艦上の米軍将兵はその目を疑ったに違いない。日本機は250キロ爆弾を抱いたまま米空母めがけてまっしぐらに突進していった。

"Oh, my God !"

そう叫んだ米兵が、対空射撃の手を止め、十字を切り終わらぬうちに、関行男大尉の乗機が護衛空母「セント・ロー」の飛行甲板に突入したのである。「セント・ロー」は大爆発をおこし、たちまち火焰と猛煙に包まれた。そして午前11時15分、数回の爆発をおこした「セント・ロー」は真二つに折れ、大爆発とともに波間に消えていった。後の世にその名を轟かせる「神風特別攻撃隊」がここに誕生したのである。

さらにこの同じ日、「敷島隊」の攻撃に先立ってダバオ基地を飛び立った「朝日隊」(2機)、「山桜隊」(2機)、「菊水隊」(2機)に加え、セブ島から出撃した「大和隊」(2機)が、多大な戦果を上げたほか、マバラカット基地からも「彗星隊」(1機)と「若桜隊」(4機)が米艦隊に突入を敢行し、大東亜戦争における日本海軍の主役が連合艦隊から特攻隊にバトンタッチされたのである。

昭和19年10月25日の神風特別攻撃隊は、合計18機(他、直掩《ちょくえん》機11機)が出撃し、護衛空母「サンチー」「スワニー」「カリニン・ベイ」などに損害を与えたのである。さらに、この攻撃によって米艦載機128機を損失せしめ、米軍の戦死・行方不明者は1500人、戦傷者1200人を数えた。

日本海軍の大勝利だった。

繰り返すが、これはわずか18機による戦果である。

このようなパーフェクト・ゲームは、昭和17年11月30日のルンガ沖夜戦以来だった。にもかかわらず戦後のマスコミは、まるで口裏を合わせたかのようにこの軍事的大勝利を隠蔽し、ただひたすら特攻隊の〝悲劇〟のみを声高にいう。

しかし考えていただきたい。

絶対国防圏の砦・サイパンが陥落し、各地で日本軍が敗退をつづける中、この神風特攻隊による大戦果は、意気消沈していた陸海軍将兵をはじめ、一億国民にどのように受け止められたであろうか。

ここにあらためて行を割くまでもなかろうが、そのニュースが伝播するや、各地に布陣する陸海軍将兵は奮起し、一億の民は日本の勝利を確信したのである。まさしくかつて「元」の大群を一夜にして壊滅させた〝神風〟の再来を祈念した。そして誰もが神風特別攻撃隊に起死回生の逆転を期待し、搭乗員もまたそれに応えんと自ら進んで志願していったのだ。

関行男大尉は、第１航空艦隊参謀・猪口力平大佐と２０１空副長・玉井浅一《あさいち》中佐の打診に応えた。

「自分にやらせてください！」

母一人子一人の家庭に育ち、若い妻を郷里に残した関大尉の心境はいかであったろう。

このとき弱冠23歳の関大尉は、母へ宛てた遺書にこう記している。

「今回帝国勝敗の岐路に立ち、身を以《もっ》て君恩に報ずる覚悟です。武人の本懐此《こ》れにすぐることはありません」

そんな関大尉の出撃は、実際の突入より4日前にさかのぼる。

「敷島隊」は、捷《しょう》一号作戦が発令された翌日の10月21日から連日のように出撃したが会敵できず、やむなくマバラカット基地に引き返していたのだ。

そして迎えた10月25日午前7時25分、大西瀧治郎中将の水杯を受けた関行男大尉以下5人（中野磐雄《いわお》一飛曹・谷暢夫《のぶお》一飛曹・永峯肇《はじめ》飛長・大黒繁男《しげお》上飛）は、基地隊員らの打ち振る帽子に送られて大地を蹴ったのである。

またこの「敷島隊」の突入が、栗田艦隊が反転を決意し連合艦隊が戦場から姿を消した直後であったことに神がかり的なものを感じざるを得ない。

捷一号作戦の発動により、各地で神風特別攻撃隊が編成される中、セブ島の海軍第201航空隊の分遣隊でも特別攻撃隊の編成が行われていた。

《私は戦果を新聞やラジオで発表してもらうのが目当てで突入するのではありません。日本軍人として、天皇の為、国家の為、この体がお役に立てば本望であります》（豊田穣著『海軍特別攻撃隊』集英社文庫）

神風特別攻撃隊「大和隊」の久納好孚《こうふ》中尉（法政大学・13期予備飛行学生出身）だった。

驕敵《きょうてき》撃滅の信念に燃えた爆装の零戦２機と直掩１機からなる大和隊は、10月21日午後４時25分にセブ島基地を飛び立った。しかし敵を発見できず、僚機と直掩機は基地に引き返したのだが久納中尉はついに帰らなかったのである。

久納中尉は出撃を前に、「敵の空母が見つからぬときは、私はレイテ湾に突入します。レイテにゆけば、戦艦、巡洋艦あるいは輸送船などがたくさんいますから獲物に困ることはないでしょう」と語っていたという。

そこで司令部は、久納中尉が敵艦隊へ突入したものと認定し、２階級特進の申請をしたが、それから４日後に敵空母を撃沈した関行男大尉を〝特攻第１号〟としたのだった。

その理由として、「指揮官先頭」の精神をモットーとする日本海軍にとって、海軍兵学校出身（70期）の関大尉に特攻隊の象徴的な存在であってほしかったからだともいわれている。

戦後の識者の間では、これが「不公平」だとか、軍の「情報操作」だったと批判する意見もあるが、そういうべきものではない。

確かに久納中尉の方が関大尉よりも早かった。しかし残念ながらその戦果は確認できていない。ところが関大尉は、久納中尉と同じ10月21日から出撃を繰り返しており、25日の出撃で敵空母撃沈という初戦果を上げたのだから、関大尉を「特攻第1号」としてもおかしくはなかろう。

もっとも特攻第1号をさらに追求すれば、久納中尉突入の6日前の10月15日、第26航戦司令官・有馬正文《まさふみ》少将（戦死後中将）が、マバラカット基地から一式陸上攻撃機に乗り込んで飛び立ち、攻撃隊を陣頭指揮して敵艦隊に突っ込んでいる。当時の発表では、この体当たり攻撃によって敵空母1隻を轟沈したとされているのだが、残念ながら米軍側の記録にはそうした被害報告は見当たらない。ただこの有馬少将の突入は、指揮官先頭の範を示したものであり、日本国民に感銘を与えたことはいうまでもなかろう。

「大西中将は武士」

関行男大尉率いる「敷島隊」がマバラカット基地を飛び立ってから56年目にあたる平成12（2000）年10月25日、フィリピン・ルソン島のパンパンガ州マバラカットで神風特別攻撃隊の戦没者慰霊祭が執り行われた。

式典会場は、マバラカット基地を見下ろすリリー・ヒルと呼ばれる小高い丘に設けられていた。この丘は、立て籠る日本の海軍部隊と米軍との間で激しい戦闘が行われた日本軍の抵抗拠点でもあった。

慰霊祭には、はるばる日本からやってきた住職、国会議員を含む多くの日本人が列席した。そればかりか、マバラカット州知事のマリノ・P・モラレス氏をはじめ、フィリピン空軍軍楽隊までもが参加したのである。

午前7時10分、フィリピン空軍軍楽隊が日比両国の国歌を演奏した。そしてモラレス州知事の挨拶につづいて、日本人僧侶による読経が「敷島隊」の出撃時間に合わせた午前7時25分に始まり、あたりは厳粛な空気に包まれた。

僧侶の読経の声が響く中、日本からの参列者、フィリピン空軍高官、米軍関係者らが焼香し、正面に望むアラヤット山に向かって合掌した。

特攻攻撃で散華された日本軍人に対して鎮魂の祈りが捧げられたのである。

私も合掌を終え、正面のアラヤット山を見つめて呟いた。

「ありがとうございました！」

かつてマバラカット基地を飛び立った特攻隊員は、聳《そび》え立つアラヤット山を右に旋回してレイテ湾を目指した。私にはこのアラヤット山が特攻隊員の墓標に見えたのである。

私よりずっと若い青年達が祖国の危機を救うため、ここから飛び立っていったのか——瞼《まぶた》を閉じ、再び開けたときにはアラヤット山が揺れていた。

慰霊祭を取材していたフィリピン人ジャーナリスト・ジョジョ・P・マリグ氏は語る。

「この式典は日本とフィリピンの関係を知るよい機会です。私自身、カミカゼについて多くの書物を読みましたが、やはりその尊い生命を国家に捧げた関大尉は〝英雄〟だと思います。またカミカゼ・アタックを考案した大西（瀧治郎）中将も尊敬すべき〝武士〟です」

大西中将の写真を手にとってそう語るマリグ氏は、弱冠25歳の青年だった。

私は大きなショックを受けた。

大西瀧治郎中将や関行男大尉の名前を知っている日本人の若者は果たしてどれほど

マバラカット基地付近から望むアラヤット山

いるだろうか。にもかかわらずフィリピンの若者が我々の先人を〝英雄〟と崇《あが》め、大西中将を〝武士〟と賞賛してくれていたのだ。

式典の終了を告げたのは、フィリピン空軍軍楽隊の奏でる『軍艦マーチ』であった。その勇壮なメロディーがリリー・ヒルに響き渡り、マバラカット飛行場にかつての風景を蘇らせた。

私は再びアラヤット山を睨んだ。そして目を瞑れば、いま飛び立たんとする零戦へ「頼んだぞ！」と歓声を上げる列線整備員達の声が聞こえてくる。そして零戦のコクピットから、「後世《あと》を頼んだぞ！」という声が私の胸に届いたのであった。

「もはや劣勢を挽回するには〝体当たり攻撃〟しかない」

第1航空艦隊司令長官・大西瀧治郎中将はそう考えるに至った。

事実、圧倒的物量をもって押し寄せる米軍にひと泡吹かせ、あるいはこれを殲滅するには、戦闘機に250キロ爆弾を積んで敵艦に体当たりする必殺戦法しか残されていなかったのである。

大西中将は苦悩したに違いない。部下を思い、人一倍面倒見のよかった親分肌の大西中将の心中は察するに余りある。

出撃を前に大西中将は、関大尉ら特攻隊員を前にこう訓示した。

《日本はまさに危機である。しかもこの危機を救いうるものは大臣でも、大将でも、軍令部総長でもない。もちろん、自分のような長官でもない。それは諸子のごとき純真にして気力に満ちた若い人々のみである。したがって、自分は一億国民にかわって皆にお願いする、どうか成功を祈る》（安延多計夫著『あゝ神風特攻隊』光人社NF文庫）

250キロ爆弾を抱え、マバラカットの飛行場から飛び立ってゆく可愛い部下を見送った大西中将の心境はいかであったろう。

大西中将はこの作戦を草案したときから、たとえこれで戦争に勝ったとしても自決を覚悟していたという。

多くの部下の壮途に立ち会った大西中将は、それから10カ月後に迎えた終戦の日の夜、次のような遺書を遺して自刀に果てた。

「特攻隊の英霊に曰《もう》す。善く戦ひたり、深謝す。最後の勝利を信じつつ、肉弾として散華せり。然《しか》れ共《ども》其《そ》の信念は遂に達成し得ざるに到れり。吾《われ》死を以《もっ》て旧部下の英霊と其の遺族に謝せんとす。

次に一般青壮年に告ぐ。

我が死にして、軽挙は利敵行為なるを思ひ聖旨《せいし》に副《そ》ひ奉《たてまつ》り、自重忍苦するの誡《いましめ》ともならば幸なり。隠忍するとも日本人たるの矜持《きょうじ》を失ふ勿《なか》れ。諸子は國《くに》の宝なり。平時に処《しょ》し猶克《なほよ》く特攻精神を堅持し、日本民族の福祉と世界人類の和平の為、最善を尽せよ」

日頃、大西中将は崇敬する西郷隆盛の言葉を口にしていたという。

「おいも行く、わかとんばら（若殿輩）のあと追いて」

そして西郷隆盛の最期を墨守するように、武人らしく割腹自決を遂げたのだった。

〝昭和の西郷〟こと大西瀧治郎中将の遺言は、現代の日本の若者へのメッセージであり、あらゆる組織の指揮官が大西中将に学ぶべきはあまりにも多い。

若者も立派ならば、その上に立つ大人も立派であった時代がわずか70年前までこの国にもあったという事実を知っておいていただきたい。

白人の横暴への最後の抵抗

この戦没者慰霊祭に参加した地元の人に話を訊いてみようと、上品な老紳士に声を掛けてみた。その老紳士は、ダニエル・H・ディゾン氏（70歳）という画伯だった。ディゾン画伯は語る。

「いまから35年前に私は神風特攻隊の本を読んで涙がとまらなかったのです。こんな勇気や忠誠心をそれまで聞いたことがなかったからです。同じアジア人としてこのような英雄がマバラカットと私の町アンヘレスで誕生したことを誇りに思っています」

１９７４（昭和49）年、特攻隊のその崇高な精神に身を震わせたディゾン画伯は、当時のマバラカット市長に神風特攻隊慰霊碑の建立を進言した。そしてディゾン画伯が感銘を受けた『神風特別攻撃隊』の著者である中島正氏（元２０１航空隊飛行長）、猪口力平氏（元第1航空艦隊参謀）の協力を仰ぎながら、やっとの思いでマバラカット飛行場跡地に慰霊碑を建立することができたという（この慰霊碑はピナツボ火山の噴火によって喪失したが、近年再建された）。

ディゾン氏の自宅に作られたカミカゼ・ミュージアム(上)。カミカゼミュージアム所蔵の飛行帽(左下)。ディゾン氏が描いた関大尉の肖像画(右下)

驚きのあまり目を丸くする私を見たディゾン画伯はいった。

「どうぞ私の自宅へお越しください。〝カミカゼ博物館〟を御覧に入れましょう」

こうしてその日、私はディゾン画伯の言葉に甘えて、画伯の御宅にお邪魔することになった。

なんとディゾン画伯は、Kamikaze Memorial Society of The Philippines（フィリピン・カミカゼ記念協会）の会長だったのである。そしてその自宅には、自ら描いた「敷島隊」の5人（関行男大尉・谷暢夫一飛曹・中野磐雄一飛曹・永峯肇飛長・大黒繁男上飛）の肖像画のほか当時の日本海軍の制服から航空爆弾まで、貴重な品々を数多く展示する「カミカゼ・ミュージアム」を設けていたのだ。

私は、衝撃のあまり腰を抜かしそうだった。

そんな私の様子を優しい眼差しで見つめるディゾン画伯は、5人の肖像画の前に立ち、「関行男大尉」を見つめて語りはじめた。

「私は、ヨーロッパ・アメリカ・中国・フィリピンの歴史を様々な角度から検証してみました。その結果、なぜ日本が立ちあがり、戦争に打って出たのかがよくわかったのです。そして日本が、欧米列強の植民地支配に甘んじていたアジアを叱責した理由も理解できたのです」

向きなおった画伯は右手に拳《こぶし》をつくって語気を強めた。

「当時、白人は有色人種を見下していました。これに対して日本は、世界のあらゆる人種が平等であるべきとして戦争に突入していったのです。神風特別攻撃隊は、そうした白人の横暴に対する力による最後の〝抵抗〟だったといえましょう」

ディゾン画伯も、また前に紹介した地元通訳のマリオ・ピネダ氏も、フィリピンの人々は皆、〝白人対有色人種〟という視点で近現代史を見つめていたのである。

アジア人でありながらスペイン風の名前を持ち、かつては英語を強要されたフィリピン人なればこそ、こうした地球大の尺度を持てるのだろう。

16世紀初頭、フィリピンに上陸したかの有名なマゼランを倒した英雄・ラプラプ王にはじまり、アメリカに抵抗して日本に助けを求めたフィリピン独立運動の父・アギナルド将軍（初代大統領）など、フィリピン人が４００年もの間、白人の侵略と戦い続けてきた歴史を忘れてはならない。

こうしたことは、１９９５（平成７）年のフィリピン独立記念日（６月12日）において、マニラの街角に張り出されたポスターによく表現されていた。

日本海軍軍人が旭日旗を掲げ、これを見上げるアジアの各民族。ポスター上部には〝East Asia Co-Prosperity〟（東亜共栄圏）の文字があるではないか。ポスターの前には日本兵に扮した地元民の姿も見える。

これが〝アジア諸国の感情〟の真相なのだ。

このことからも、現代の日本社会が、いかに歪んだ歴史観に汚染されているかがわかる。

最後にディゾン画伯は、両手を固く結んで私にこう託すのだった。

「神風特攻隊をはじめ、先の大戦で亡くなった多くの日本軍人をどうか敬っていただきたい。これは私から日本の若者たちへのメッセージです」

「あの人達はヒーロー」

マバラカットで神風特攻隊の慰霊祭が行われた同じ日、タルラック州バンバン村でも慰霊祭があった。簡素な造りの民家が建つ集落には、子供達が無邪気に裸足で走り回る光景があり、どこか懐かしさを感じさせる。

もちろんここでも、地元住民は村を挙げて慰霊団を歓迎してくれた。

慰霊団が到着するや、村人が集落の裏手へと移動しはじめたので、我々もその流れに従ってバナナの林を抜けてゆくと、そこには赤い鳥居が建つ慰霊祭場があった。

平成11（1999）年10月25日に建立された白い慰霊塔には、地元の人の手になる

筆者を歓待するサン・ロック高校の女子生徒ら

不慣れな日本語で、「慰霊塔」「特攻隊戦死之碑」「航空隊魂」の文字が記されていた。

さらにこの慰霊塔には、第26航空戦隊司令官・杉本丑衛《うしえ》少将、第10航空地区司令官・江口清助大佐をはじめ、クラーク西方で米軍と干戈《かんか》を交えた第1挺進集団長・塚田理喜智《りきち》少将の写真が貼り付けられていた。

ここでも日本人僧侶らによる仏式の慰霊式典が行われたが、なにより私を驚かせたのは、授業中にもかかわらず多くの学生が参列していたことである。

私は、式典に参加した地元サン・ロック高校の女子学生達に、神風特攻隊をどう思うかと訊いてみた。すると彼女らは声を揃えた。

「Brave!」（勇敢）

その中の一人がつづける。

「フィリピンにも英雄はたくさんいます。ですから私達も神風特攻隊という日本の英雄をたいへん尊敬しています」

さらに引率の男性教師は、

「こうした歴史教育を通して、子供達に国を守ることの大切さを知ってほしいのです」

と語ってくれた。

私は学生達にもう一度訊いた。

「君達は、カミカゼのパイロットを尊敬しているのですね」

屈託のない笑顔で皆は答えた。

「もちろんです！　だってあの人達はヒーローですもの」

異民族の侵略を受けつづけたフィリピン人の痛覚は、ダイナミックな歴史観と愛国心を産んだ。そしてそんな土壌に〝英雄〟を敬う気風が育まれた。事実、この国の国歌にも「誉高い英雄達の生まれた国を崇めよ」という一節がある。だからこそフィリピンの人々は、祖国を守るために生命をかけた神風特攻隊を挙って英雄と称えるのだろう。

私は、フィリピンの学校教育が羨ましかった。いっそこの国の教師を日本に招いて、歴史教育を担当してもらってはいかがだろうか。

式典が終了し、慰霊団のバスが村を離れようと動き出したそのとき、前方から濛々と立ちあがる砂埃と共に「日の丸」の小旗を振る子供達の一団が押し寄せてきた。

我が目を疑った。子供達が、日本とフィリピンの国旗をちぎれんばかりに打ち振って、我々を見送ってくれているのである。日本人参列者は、このあまりにも衝撃的な光景に胸を詰まらせ、そして頬を濡らした。

手作りの日章旗をその小さな手に握り締めた子供達のはじけるような笑顔と歓声。

私は、この光景を現実として認識するまでにしばらくの時間を要した。

子供達の「日の丸行進」はどこまでも途切れることはなかった。

そして小学生の一団につづいて、中学生や高校生の隊列が神風特攻隊の慰霊祭に参加すべく続々とやって来る。

私は、何度も後ろを振り返り、また正面から押し寄せるフィリピンの子供達を目の

子供達の手には日の丸とフィリピンの国旗が握られていた

当たりにして、もはやこみ上げる感動を抑えきれなかったのである。とめどなく涙が頬を伝う。数多の小さな手が打ち振る「日の丸」と歓声――私はこの子供達に心から感謝した。

「ありがとう！」

子供達の素晴らしい笑顔と波打つ「日の丸」の光景は、いまも私の脳裏に焼きついて離れない。いや生涯忘れることはないだろう。

外国人の日本人観に多大な影響を与え、大東亜戦争における日本の精神的象徴ともいえる神風特攻隊は、いまもフィリピンの人々に敬われ、そして賞賛されている。

我々日本人はこうした世界の声を素直に受け止め、この現実を直視する必要があろう。そして、特定イデオロギーによって極度に歪曲された教育と報道姿勢を根本から改めなければならない。日本の将来を担う子供達や、これから世界に出てゆく若者達が国際社会で恥をかかないためにも。

〝犬死に〟ではなかった特攻隊

かつて取材のために訪れた海上自衛隊鹿屋航空基地で、私が乗り込んだＰ３Ｃ哨戒機が滑走路から離陸した直後、同乗した海幕広報担当者がコクピットから見える絶景に言葉を添えた。

「これが特攻隊員の見た最後の祖国の風景です」

右手に桜島、眼下には錦江湾《きんこうわん》。そして正面に捉えた開聞岳《かいもんだけ》は、奇しくもマバラカット基地から見えたあのアラヤット山に重なったのである。

ともに富士山を連想させる外観の開聞岳とアラヤット山。特攻隊員は、祖国の象徴〝富士山〟に別れを告げて敵艦隊に突っ込んでいったのか――開聞岳を左に旋回して東シナ海へ向かうP3Cの機上で胸が熱くなった。

「俺達がやらなければ！」

彼らは皆、寄せ来る仇敵を自らの身体で食い止めようと、至純の愛国心に燃えて敵艦めがけて突っ込んでいったのだった。愛する祖国・日本を、そして愛する人々を守るために。

当時の若者は立派であった。国家が存亡の危機に直面するや、彼らは私情を捨て、自ら進んで敢然と国難に立ち向かっていったのである。

そんな若者達の気持ちは、神風特別攻撃隊員としてフィリピンで戦死した富澤幸光《ゆきみつ》少佐（23歳）の『私がやらなければ』と題する遺書に表れている。

笑顔で日の丸を振るバンバン村の子供達

「父様、母様は日本一の父様母様であることを信じます。幸光の戦死の報を知っても決して泣いてはなりません。靖国で待っています。きっと来て下さるでしょうね。本日恩賜のお酒を戴き感激の極みです。敵がすぐ前に来ました。私がやらなければ、父様母様が死んでしまう。否、日本国が大変な事になる。幸光は誰にも負けずにきっとやります。十九貫の体軀、今こそ必殺撃沈の機会が飛来しました。幸光は立派に大戦果をあげます」（宮崎県護国神社）

彼らは皆〝生き神様〟であった。護国の鬼と化した彼らは、ただひたすら祖国の必勝を信じて敵艦隊の真っ只中へ飛び込んでいった。

1機、また1機——猛烈な対空砲火の弾幕《だんまく》をかいくぐって、特攻機は突っ込んでゆく。敵弾に射ぬかれて被弾し、猛炎に包まれながらもなお彼らの怨敵必滅の信念は潰えることはなかった。

フィリピン海域で、

硫黄島海域で、

沖縄方面海域で、

各地で日本民族の存亡をかけた必死の戦いが繰り広げられた。

悠久の大義を胸に、若者達は操縦桿を握り締めて次々と大空に駆け上がっていったのである。

そして国民は戦勢挽回を期して特攻隊に望みを託した。

「どうかお願いします！」――

女学生達のかざす桜の小枝に、そして、ちぎれんばかりに打ち振る学童らの小さな手に彼らは応えてやりたかった。彼女らのために、この子らのために、そして祖国・日本のために！

昭和19（１９４４）年10月25日から昭和20年8月15日までのおよそ10カ月間に海軍の特攻機２３６７機が敵艦隊に突入して２５２４人が散華した。同じく、陸軍の特攻機は１１２９機を数え、１３８６人が散華したのである（注）。

この肉弾攻撃は、航空特攻だけではなかった。

水中からは人間魚雷「回天」が敵艦を狙い撃ちにし、島陰からは特攻艇「震洋」が敵艦艇に襲いかかった。

日本民族の負けじ魂と愛国心は、肉弾攻撃という形で炸裂したのである。

一方、我が神鷲《かみわし》３９１０人をはじめとする日本軍の肉弾攻撃に晒された米英軍は、未曾有《みぞう》の損害を被っていた。

特攻攻撃によって撃沈破された連合軍艦艇は、実に２７８隻（３００隻を超えるとしたものもある）を数え、米軍の戦死者は１万２３００人、重傷者は３万６０００人に上ったとされている。加えて、あまりの恐怖から戦闘神経症の患者が続出した。その戦死傷者の数を比較しただけでも、特攻隊は、3倍の敵と刺し違え、12倍の敵とわたりあっていたことになる。さらに、米軍の被害報告の中には輸送艦や戦車揚陸艦以下の艦艇をその数に含めていなかったため、その実被害はさらに膨れ上がるとみられる。

最も被害の大きかった沖縄戦だけでも、沈没艦艇50隻、空母・戦艦を含む損害艦は３００隻以上、損失航空機は７００機を超え、戦死者は５０００人を数えたとする米軍の戦史記録もあるというから驚きだ。この大戦果は、海軍の特攻機１０２６機（戦死１９９７人）、陸軍８８６機（戦死１０２１人）の計１９１２機（戦死３０１８人）によるものだった。

つまり、日本軍の特攻作戦は大成功だったのである。

特攻隊は、決して〝犬死に《いぬじ》〟などではなかったのだ。特攻隊を犬死にとしたのは、戦後のＧＨＱによる情報操作と左翼思想家の捏造である。

特攻作戦によって大損害を被り、日本民族の底力に恐れをなした米軍が、占領後に特攻作戦の真実を封印し、特攻作戦が〝むだ死に〟だったと情報操作することで、日本人が再び起ちあがらないようにしたかったのだ。

いずれにせよ、日本国を根底から骨抜きにするＧＨＱの占領政策には、特攻隊の大戦果に対する恐怖心があったことは明白である。

事実、米海軍のベイツ中佐は次のように語っている。

《日本の空軍が頑強であることは予め知っていたけれども、こんなに頑強だとは思わなかった。日本の奴らに、神風特攻攻撃がこのように多くの人々を殺し、多くの艦を撃破していることを寸時も考えさせてはならない。だから、われわれは艦が神風機の攻撃を受けても、航行できるかぎり現場に留まって、日本人にその効果を知らせてはならない》（『あゝ神風特攻隊』）

さらに安延氏は、

「このことは、いかに神風特攻攻撃の効果が大きく、その攻撃が猛烈果敢であったかを物語るものであろう。アメリカ側は国内に対しても神風特攻攻撃の影響をおそれて、神風による被害を沖縄戦の中頃まで、秘密にして発表しなかったようである」

と同書に記している。

日本軍の肉弾攻撃は、敵の戦意を挫くほどの大戦果を上げていたのだ。

ところが戦後のマスコミは、この軍事的な勝利をひた隠し、ただ戦争の悲劇の代名詞として、あるいは戦争の犠牲者の象徴として特攻隊を位置付け、そしてイデオロギー闘争の手段として彼らを利用してきたのだ。

彼らはうそぶく。

「特攻隊員は、本当は行きたくなかったのだ。皆『お母さん！』と叫んで死んでいった戦争の犠牲者なのだ」と。

しかし特攻隊の教官を務めた田形竹尾元陸軍准尉は、こうした虚構をきっぱり否定する。

「出撃前、特攻隊員は仏様のような綺麗な顔でした。目が澄みきって頬が輝いておりました。彼等は皆、愛する祖国と愛する人々を守るために自ら進んで志願していったのです。戦後いわれるような、自分が犠牲者だと思って出撃していった者など一人としておりません。皆、『後を頼む』とだけ遺して堂々と飛び立っていったのです」

そして特攻隊は未曾有の大戦果を上げた——これが特攻隊の真実である。

そもそも国を守ろうという意識のない戦後の日本人に、特攻隊員の至純の愛国心などわかるはずがない。理解できるはずがないのだ。一死をもって国に報いんとした当時の立派な青年達の魂を、私利私欲をむさぼる現代人が批判する資格などどこにあろうか。

フィリピンでの慰霊祭に参加した私は、あまりの衝撃に思考回路が麻痺し、呆然となることが多かった。それは、学校で教わらず、またマスコミが一切伝えない驚愕の事実に次から次へと直面したからである。

こうした真実が意図的に封印されたまま、中国・韓国から一方的に歴史認識が押し付けられ、日本の歴史教育が歪められてきたことに怒りを覚えるのは決して私一人ではないだろう。

そんな日本の惨状をよそに、アジア諸国では神風特別攻撃隊が尊敬され、その栄光の歴史は今日も輝き続けている事実を、一人でも多くの日本人に知っていただきたい。

平成13（2001）年8月16日にフジテレビで放送されたドキュメンタリー番組『特攻・國破れても國は滅びず』（構成・監督　水島総）の中で、フィリピン人のフェルナンド・サントス氏は、頬に伝う涙を拭うことを忘れてこう訴える。

《このような英雄的資質の武勇伝を現代の日本の若者は知るべきです。私からのメッセージは、もっと神風特別攻撃隊に関する本を読むべきだということです。日独伊枢軸国やアメリカ同盟国の英雄として認められている人でも、神風特別攻撃隊員の勇気、決断、武勇に等しい人はいません。（中略）神風特攻隊員の場合は、離陸した時点で死んで行くことを知っているのです。事実、彼らは祖国のために自分を殺します。比類のない存在ですから、尊敬されるべきであり、記憶されるべきなのです。日本国民は、受け継いだ今の日本人の本質と粘り強さの象徴として、彼らに感謝すべきです》

そして前出のディゾン画伯も同番組の中でこう述べている。

《私たちは彼ら（神風特攻隊）の偉業を引き継いでいかなければならないと思います。戦争のためではなく、忠誠心、愛国心、祖国への愛のためです。東洋、いや全世界の人々がこの神風特攻隊の話から何か大きなことを学べると思います。神風特攻隊の隊員は、全世界そして次世代の全人類のために彼らの人生を記録として残してくれたのです。

彼らは、自らの命を生きている偉業として捧げ、人はどこまで自国を愛することができるのかを提示してくれました。そして、人はどのように自国の文化や論理へ忠誠でいられるかを実証したのです》

昭和19年10月28日、豊田副武《そえむ》連合艦隊司令長官は、神風特別攻撃隊・敷島隊の突入に対し、全軍に布告した。

〝忠烈《ちゅうれつ》万世に燦《さん》たり〟

ただひたすら祖国・日本を護るために自らの尊い生命を捧げた神風特別攻撃隊の愛

国心と忠誠心、そしてその武勇は、豊田長官の布告のとおり、その誕生の地フィリピンでいまも燦然と輝き続けている。

（注）特攻機の機数および散華された隊員の人数には資料によって異なることを承知されたい。

第3章

【パラオ】打電「サクラ・サクラ」は武勇の象徴です

日本統治時代の遺産

グアムから南へ飛ぶこと約2時間、厚い雲を抜けると飛行機はエメラルドグリーンの海に吸い寄せられるようにぐんぐん高度を下げていった。

日本から真南に3200キロ、フィリピンとニューギニアの中間に位置する「パラオ共和国」は、大小200の島々からなる独立国である。マレー系のカナカ族を中心に2万人余りの人々はその生活を漁業と観光に頼り、世界有数の美しいサンゴ礁は万国のダイバー達を誘う大切な観光資源となっている。

タラップを降りる私を出迎えてくれたのは、早朝の風に翻る〝月章旗《げっしょうき》〟だった。1994（平成6）年に世界190番目の独立国となったパラオ共和国の国旗である。日章旗に因んでデザインされたその国旗は、海を表す青地に黄色い月をあしらっている。

日本、バングラデシュそしてパラオの国旗を合わせて〝日の丸三兄弟〟と称する名越二荒之助氏はその意味するところを語ってくれた。

——大東亜戦争におけるペリリュー・アンガウル両島での激戦で日本軍将兵が勇敢に戦い玉砕していったことが、パラオの人々の胸に深く刻まれ、同国がアメリカの信託統治から独立する際の国民投票で日本の国旗をデザインした月章旗が選ばれた——

ところが残念なことに、ほとんどの日本人はこうしたことを知らない。

1947年から国連の太平洋信託統治領としてアメリカの統治下にあったパラオ諸島は、1978年の国民投票によって「自立」を決定する。そして1981年にはハルオ・レメリック氏が初代大統領に選出され、自治政府を発足させた。後にパラオはアメリカとの自由連合盟約（＝アメリカ合衆国が軍事施設と運営権を保有し、安全保障上の全権と責任を負うという事実上の保護国条約）を模索し、1994年になってようやく「パラオ共和国」が誕生したのである。

独立までの道のりは決して安易なものではなかったが、実はその基礎となったのが日本の委任統治時代の近代化だった。

かつてスペイン領だったパラオ諸島は、19世紀末にドイツへ売却され、第1次世界大戦後から30年間、日本の委任統治が行われたのである。

国際連盟による日本の内南洋委任統治が決定したのが大正9（1920）年。これを受けて日本政府は大正11年、パラオに「南洋庁」を設けて南洋統治の行政機関とした。

そして日本からは大量の移民が押し寄せ、その人口は現地民の4倍にもなったという。そうした邦人移民は漁業や燐《りん》鉱石の採掘で生計を立て、また鰹節《かつおぶし》の生産や米の栽培にも取り組んだ。

日本統治時代のパラオでは、台湾や朝鮮の統治に倣《なら》って、インフラ整備をはじめ教育制度や医療施設の整備が行われ、生活水準の向上が積極的に推し進められていったのだ。

当時、英国『ロンドン・タイムズ』の記者は、「内南洋の人々は、世界の列強植民地の中で、最も丁寧に行政されている」と報じている（『歴史群像』34　学習研究社）。

映える緑とエメラルドグリーンの海。

肌を刺す熱帯の太陽は、花々を鮮やかに彩り、そして環礁《かんしょう》の生命を育んでいる。

かつて私が宿泊したホテルのテラスからはイワヤマ湾に浮かぶ風光明媚な〝パラオ松島〟を見渡すことができた。この絶景はいかなる美辞麗句をしても表現し得るものではない。

海で暮らすならパラオ島におじゃれ
北はマリアナ　南はポナペ
浜の夜風にやしの葉ゆれて
若いダイバーの舟唄もれる

日本統治時代に歌われた『パラオ小唄』である。

日本の南洋政策の中心だったパラオは、またラバウルなど重要拠点に向かう輸送船団の中継基地としてたいそう賑《にぎ》わった。かつての地図には「芸者通り」と名付けられた地名もあり、長い船旅に疲れた将兵達の心をさぞや癒したことだろう。

そんな日本統治時代の残照は、いまもコロール島内の随所に見ることができる。

「ダイジョウブ」を口にする人々

日本から飛行機を乗り継いでほぼ半日、そんな長旅をして辿《たど》りついた南海の島国で、なんとリアルタイムでＮＨＫニュースを観ることができる。なぜならパラオは日本の真南に位置するため時差がないからだ。

時差がなければ生活リズムを変える必要もない。つまり、睡眠時間や食事時間の調整が一切不要なので時差ボケや食欲不振・胃腸不良に悩むことがないというわけだ。

そして面白いのがパラオで使われている言葉。

パラオでは日本語を話す年配者が多く、そしてなにより日本委任統治時代に持ち込まれた日本語がいまもこの地で生きつづけているのだ。

「デンワ」(電話)、「デンキ」(電気)、「センキョ」(選挙)、「サンバシ」(桟橋)、「アブラ」(ガソリン)……。多くの日本語が日常で使われている。近代文明の多くが日本委任統治時代に持ち込まれた証左でもある。余談だが、当地ではブラジャーのことを「チチバンド」(乳バンド)、パンツを「サルマタ」というのだから笑える。実際、私も現地人に訊いてみたら、あっけらかんとした表情で胸を指差してくれたのでこれは間違いない。

そのほか、現地の人々が時折り口にする「ダイジョウブ」が日本語であることは、ここにあらためて解説する必要もなかろう。

そればかりではない。地元民の名前には日本風のものが多く、スギヤマ、ジロー、タロー、アオキなど、いまでも日本名をつける人は多い。

日の丸とパラオの国旗をかたどった〝ベントー〟（左）。コンビニにも〝風林火山〟の日本語が書かれていた（右上）。街中には、いまもなお日本風の灯篭などが残っている（右下）

さらに地元スーパーの食品売り場がこれまた面白い。鰹ダシから納豆まで、ありとあらゆる日本の食材が揃っているので、海外でどうしても日本食が恋しくなる向きも心配はいらない。——日本委任統治時代、パラオ諸島に日本食のベースとなる鰹節の工場があったことから、この地に日本の味が根付いたのだろうか。

また、ガソリンスタンドに隣接するコンビニエンス・ストアーを覗《のぞ》いていただきたい。

「Lunch Plates」と表示されたいわゆる〝弁当〟（地元でも「ベントー」で通じる）は、オニギリと唐揚げの盛り合わせ。オニギリは真ん中に梅干を添えて「日の丸」をかたどり、一つは黄色いタクアンをのせてパラオの国旗「月章旗」を表現しているのだろう。この国の親日ぶりがそんな些細《ささい》な日常にも顔を覗かせていた。

そして驚くべきは、この南の島にいまも神社が建っていることである。

「南洋神社」である。はるか南方で「神社」を目にすることができたことに私は感慨無量であった。

かつて南洋神社は、官幣大社《かんぺいたいしゃ》として立派な社殿を誇っていたという。ところが戦災で焼け落ちてしまい、近年になって青年神職南洋群島慰霊巡拝団によって小ぶりながらも再建されたそうである。境内には興味深い慰霊碑があった。

「この南洋神社には、日本とパラオの祖先神と大東亜戦争の戦死者が合祀《ごうし》されている。ここにパラオの戦死者の名を裏側に刻みその勇気を讃える」

平成6(1994)年11月24日に建立された慰霊碑の裏側には19人のパラオ人戦没者の名前が刻まれていた。

そしてパラオには紺碧《こんぺき》の海に臨む「日本人墓地」もある。

ここにはパラオ諸島全域における戦没者慰霊碑が建立されており、ちょうど私が訪れたときも慰霊団の方々がたむけたであろう花束と日本酒がお供えされていた。

パラオにいまも残る「南洋神社」

この墓地を訪れる人々は、遥か南の島に散華した英霊に深い感謝の誠を捧げ、頭を垂れるのだが、そんな慰霊碑の中にはどうしても理解できない代物もある。広島県知事の名で「安らかに眠って下さい。過ちは繰り返しませぬから」とある。英語では"Let All the Souls Here Rest in Peace For We Shall Not Repeat The Evil"と綴られていた。

はてさて、地元の人々はこの言葉をどのように受け止めているのだろうか。インフラ整備、教育の拡充、産業の育成に汗を流した日本人。日本人は、それまで平和だった島に猛烈な艦砲射撃と空襲を加えてくる米軍を迎え撃った。地元民を戦火の及ばぬ他の島に疎開させ、そして彼らの先祖の島を守るために死んでいった。パラオの人々の記憶にはそうした立派な日本人の姿しかないのだ。

「日本人はいったいどんな悪いことをしたのだろうか？」

「日本人は何を繰り返さないといっているのか？」

広島県の慰霊碑は地元の人々にとって意味不明であるばかりか、この地を訪れる遺族の心情を逆撫《さかな》でするだけではないのだろうか。少なくとも私にはそう思えてならなかった。

遺族や戦友の人々が怒りをぶつけたのだろうか、この慰霊碑のプレートは石などによってひどく傷つけられていた。

そしてもちろんパラオには大東亜戦争の遺跡も数多く残されている。

コロール島と橋で結ばれたアラカベサン島には、すぐにそれとわかる日本軍の水上機基地がある。サンゴ礁に突き出た水上機発着場に立ち、吹き上げる潮風に向かえば、南方戦線に旅立つ輸送船団を護衛せんと離水してゆく海鷲《うみわし》達の爆音が心に響いてくる。

パラオは大東亜戦争における日米両軍の大激戦地の一つだったのである。

当時、南方戦線への中継基地として重要な位置付けにあったパラオは、米軍にとっては、フィリピンの正面に立ちはだかる厄介な障害であり、なんとしても攻略しなければならない戦略要衝《ようしょう》だったのだ。

大東亜戦争開戦劈頭《へきとう》のフィリピン攻略戦では、攻略部隊主力となった陸軍第14軍に呼応して、パラオ諸島に進駐していた陸軍部隊がフィリピンのレイテ島、ミンダナオ島へ侵攻するなど、日本軍自らがその戦略的意義を証明していたのである。

「天皇の島」ペリリュー

エメラルドグリーンの海面に白い航跡を残してボートはコロール島から離れてゆく。そしてマッシュルーム状の島々が点在する名勝ロック・アイランドの中を巧みな操船で走り抜けた。

ボートは海面を激しくたたきながら猛スピードで南下する。ヒューヒューとうなりを上げる潮風に目を細めながら、私は大自然の織りなす大パノラマを心に焼き付けた。

コロール島を後にして1時間も経った頃だろうか、正面に平坦な島影が見えてくる。

ペリリュー島だ。ペリリュー島は、コロール島から南へ約40キロ海上に浮かぶ南北10キロ、東西3キロ、面積にして20平方キロの小さな島である。ボートが島に近づくにつれ、密林に覆われたその姿がはっきりと見えてくる。かつてこの島で日米両軍の死闘が繰り広げられた頃は猛烈な艦砲射撃で草木は焼失し、隆起サンゴでできた地表が剥き出しとなったはずだ。いまではすっかり日米決戦前夜の島影を蘇らせていた。

そしてうっそうと繁った密林は、まるで文明を頑なに拒み続けているかのようである。この島には信号機も横断歩道も標識もない。看板も目にすることがない。むろん街灯などという贅沢《ぜいたく》なものはあるはずがない。人口500人程度の孤島にはただ自然だけがあった。

ジャングルから届く鳥の声も、草むらに虫の奏でるメロディーも、それらはすべて半世紀以上前と同じ〝ペリリューの音色〟なのだ。

昭和19（1944）年6月以降、米軍は手痛い損害を被《こうむ》りながらサイパン、テニアン、グアムを手中に収め、ここに小笠原、硫黄島を北上して日本本土を狙う侵攻ルートの足場を築いた。

しかし、パラオ諸島を奪取しなければフィリピン奪還は困難となり、したがって台湾、沖縄から北上して九州に上陸するルートは確保できない。そこで同年9月15日、猛烈な艦砲射撃と空爆に援護された米第1海兵師団がパラオ諸島南西のペリリュー島へ上陸を開始した。この方面に睨《にら》みを利かせる同島の飛行場の確保がこれに続くフィリピン奪還には不可欠だったのである。

「3日で陥《お》としてみせる」

マリアナ諸島攻略戦の余勢をかった米軍はそう豪語した。

ところがこの島で彼らを待ち受けていたのは、米海兵隊がこれまで経験したことのない日本軍の猛烈な反撃だった。

「話が違うじゃないか！」

米海兵隊史上最悪の光景を目のあたりにした米兵達はこの島を「悪魔の島」と呼んで罵《ののし》った。

午前8時、米第1海兵師団の上陸用舟艇が島の西及び南海岸に殺到し、ここにペリリュー攻防戦の幕が切って落とされたのである。

寄せ来る敵の総兵力4万2000人。迎え撃つ日本軍守備隊は関東軍の精鋭第14師団・水戸第2連隊（連隊長・中川州男《くにお》大佐）を中心とする1万2000人。彼我《ひが》の兵力比は4対1。制海権・制空権を持たない日本軍守備隊の劣勢は論をまたず、勝敗の帰趨《きすう》は誰の目にも明らかであった。

しかし日本軍守備隊はこれまでの水際撃退・万歳突撃の戦法を改め、あらかじめ山をくり抜いて構築しておいた複郭《ふくかく》陣地で徹底的な持久戦を戦い抜いたのである。その結果、米軍は未曾有《みぞう》の損害を被ったのだった。

後に米太平洋艦隊司令長官C・W・ニミッツ提督は、《ペリリューの複雑極まる防備に克《か》つには、米国の歴史における他のどんな上陸作戦にも見られなかった最高の戦闘損害比率（約四〇パーセント）を甘受《かんじゅ》しなければならなかった。（中略）はたして、ほとんど二〇〇〇名の戦死者を含む一〇〇〇〇名の米軍の人員死傷と相殺したかどうかについては疑問の余地があるかもしれない》と、その著書『ニミッツの太平洋海戦史』（実松譲・富永謙吾共訳、恒文社）で回想している。

アメリカにとってペリリュー攻略戦の代償はあまりにも大きかった。

一方、玉砕した日本軍守備隊は1万2000人であるから、数的劣勢にもかかわらず日本軍将兵がいかに勇戦敢闘したかがおわかりいただけよう。

当時、日本の戦局は振るわず、連日暗いニュースが前線から届く中、このペリリューの戦いぶりは大本営幕僚を驚かせ、そして起死回生の逆転を期待させたという。またペリリュー守備隊の敢闘は消沈していた全軍をおおいに奮い立たせ、ラバウルの今村均大将は、部下に「ペリリュー精神を見習え」と訓示するほどその精神的影響は絶大なるものがあった。

南の前線に陣を張り、北に備えた将兵達は、飛び交う弾雨《だんう》の中で死闘をつづけるペリリューの友軍を思って目頭を熱くしたことだろう。そしてその熱い忠義に自らを奮

ペリリュー戦 60 周年式典。日の丸やパラオの国旗を手に行進する地元学生

起させたであろうことはここに行を割くまでもない。

天皇陛下は、毎朝「ペリリューは大丈夫か」と御下問《ごかもん》され、守備隊に11回もの御嘉賞《ごかしょう》を下賜《かし》されたという。――ゆえにこの島は「天皇の島」とも呼ばれた。むろんこれに奮起した将兵達は護国の鬼となって寄せ来る敵に敢然と立ち向かっていったのである。

こうした最中の昭和19年10月25日、フィリピンでは神風《しんぷう》特別攻撃隊が編成され、その先鋒・敷島隊が米護衛空母群に大損害を与えるという大戦果を上げた。まさに本方面における日本軍の反撃は、陸にそして海に米軍の心胆《しんたん》を寒《さむ》からしめ、敵に日本の負けじ魂を思い知らせたのだった。

されど衆寡敵《しゅうかてき》せず。圧倒的物量に頼る米軍の執拗な攻撃に戦力も日増しに消耗していった。

そして弾矢も尽き果て刀折れた昭和19年11月24日午後4時、中川大佐は軍旗を奉焼《ほうしょう》した後、最期を告げる「サクラ・サクラ」を打電し、司令部壕の中で自決を遂げたのだった。ここに精鋭・水戸第2連隊を中心とする日本軍守備隊の組織的抵抗は終焉した。米軍上陸から71日目のことであった。

そして現在、この「サクラ・サクラ」の電文は、日本軍将兵の武勇の象徴としていまも地元の人々に語り継がれ、惜しみない尊敬を集めている。

なんと、ペリリュー島にはこうした日本軍将兵の勇気と敢闘を称える『ペリリュー島の桜を讃える歌』なるものが存在するのだ。

この歌は地元のトンミ・ウェンティー氏によって作曲され、故オキヤマ・トヨミさんが作詞を担当した。オキヤマ・トヨミさん。——むろんこの人も地元の女性である。

『ペリリュー島の桜を讃える歌』

一　激しく弾丸《たま》が　降り注ぎ
オレンジ浜を　血で染めた
強兵《つわもの》たちは　みな散つて
ペ島は総《すべ》て　墓地《はか》となる

二　小さな異国の　この島を
死んでも守ると　誓ひつつ
山なす敵を　迎へ撃ち
弾射ち尽くし　食料《しょく》もない

三　将兵《へいし》は〝桜〟を　叫びつつ
これが最期の　伝へごと
父母よ祖国よ　妻や子よ
別れの〝桜〟に　意味深し

四　日本の〝桜〟は　春いちど

見事に咲いて　明日は散る
ペ島の〝桜〟は　散り散りに
玉砕《ち》れども勲功《いさお》は　永久《とこしへ》に

この歌は、延々と日本軍将兵の戦いぶりを賞賛して8番までつづく。読者にその美しいメロディーをお聞かせできないことは残念だが、ここに紹介した歌詞が何を物語っているかは十分にご理解いただけるだろう。

米軍が上陸する直前に島民をコロール島へ退避させ、自らは玉と砕けた日本軍将兵達。この島の住民にとって彼らは〝英雄〟だったのである。

余談だが、ペリリュー島の少年スポーツチームはパラオでは最強を誇り、そのチーム名は「サクラ」というそうである。

強兵どもが夢の跡

戦史を追いかけ、うっそうと茂る熱帯樹林の中を南へと進む。すると天然の視界に忽然《こつぜん》と姿を現す鋼塊《こうかい》があった。それは無惨にもその砲塔が吹き飛ばされた陸軍九五式軽戦車だった。米軍上陸地点を向いて擱坐《かくざ》したその姿に〝無念〟の2文字が湧き上

ジャングルに残された陸軍の九五式軽戦車(上)。日本軍の大砲も放置されたままだ(下)

がってくる。

さらに行くと密林がぽっかり開けたところに熱帯の樹木に覆われた海軍司令部の建物があった。頑丈な鉄筋コンクリートの骨組みは、半世紀以上もの月日を隔てもなおその威容を保ち続けている。

〝夏草や強兵《つわもの》どもが夢の跡〟

虫の調べに包まれながら黙禱《もくとう》を捧げ、私は司令部を後にした。

さらに島の南には米軍の上陸部隊を2度にわたって波打ち際で撃退した千明《ちぎら》大隊のトーチカが原形をとどめている。

千明大隊（指揮官、高崎第15連隊・千明武久《たけひさ》大尉）は、水陸両用戦車を伴う敵上陸用舟艇が至近距離に近づくや一斉に銃砲弾を浴びせてこれを見事に粉砕し、後続の第2波攻撃も水際に捉えて撃退するという武勲をあげている。この頃、米軍の快進撃に圧《お》されて消沈しきっていた太平洋地域の戦域に久しぶりの凱歌が上がった。

米軍の猛烈な艦砲射撃にも耐えた分厚いコンクリートの壁はいまも健在で、トーチカの脇には赤く錆《さ》びた歩兵砲が海岸を睨みつづけていた。

なんと生々しい光景であろう。トーチカの傍には無数の砲弾が転がり、激しい戦闘がつい昨日の出来事のように感じられる。薄暗いトーチカの内部は意外に広く、外から差し込む明かりに導かれて銃眼《じゅうがん》を覗けば、そこにはかつて敵が上陸を標した海岸が広がっていた。

瞼を閉じれば、守備隊の射る弾丸に倒れ混乱に陥った敵の姿が浮かんでくる。

そして南地区の戦闘と同時に敵の主力上陸地点となった西岸地区（守備隊長、水戸第2連隊・富田保二少佐）では、敵に無血上陸を許したところで猛撃を加え、日本軍守備隊は米上陸部隊を完膚《かんぷ》なきまでに叩きのめしたのだった。

上陸1日目にして米第1海兵師団は1000人を超える死傷者を出し、「我々はいったいどんな敵と戦っているのか！」「いままでとは違う！」と、上陸した米兵達を恐怖のどん底に陥れたという。

太陽が西に傾き、遥か水平線にその姿を映しはじめた頃、私はひとり島の南端を目指して歩いていた。

あたりはオレンジ色に包まれ、次第に虫の声が大きくなってゆく。しばらく行くと波の激しく砕ける音が耳朶《じだ》を打ち、強まる潮風を全身に覚えた。そして島の南端にたどり着いた私は、あまりの絶景にしばらくのあいだ言語感覚を取り戻せずにいたのである。

いままさに南海に沈まんとする太陽は、最期の力を振り絞ってオレンジの光を放ち、波は岩に砕けて激しいしぶきを噴き上げる。その光景はこの島で力尽きた日本軍将兵達の叫びであるかのようであった。

海を隔ててすぐ間近にアンガウル島も見える。わずか1500人の守備隊が40倍の敵を相手に戦い、敵に数千の損害を強いたもう一つの激戦の島だ。

沈みゆく太陽が私をオレンジの光で包み、砕ける波濤《はとう》は背丈を越えて岩場をたたく。私は張り裂けんばかりの声で「万歳」を三唱した。何故だかわからない。ただ込み上げるものが私にそうさせた。誰も聞いてはいない、ただ1万2000柱の英霊には届いたであろう。

「大山」山中の白い魂

「日本兵は実に勇敢に戦った。当初米軍は200人程度の損失でこの島を奪取できると考えたんだが、それはまったくあてはずれだった」

元米海兵隊員のエド・アンダーウッド氏がペリリューの戦いを語ってくれた。

「日本兵が1発撃つと、必ず誰かが殺られた。そう、全員がスナイパーのような腕前で米兵を次々と倒していったんだ」

そうい終えると、アンダーウッド氏はくゆらせた煙草《たばこ》を踏みつけて立ち上がった。

平成11（1999）年9月15日（米軍上陸記念日）に催される慰霊祭のためアメリカからやってきた元海兵隊員らの先導で、東條英機陸軍大将（第40代内閣総理大臣）の孫・東條由布子《ゆうこ》氏を団長とする遺骨収集団は、日本軍最後の抵抗拠点「大山《おおやま》」の山中に隊列を組んだ。

折り重なる熱帯雨林の隙間から幾条もの陽の光が差し込み、地表に生える深緑に生命を注ぐ。私は滴《したた》り落ちる汗を拭いながら、ひたすら険しいジャングルの中を進んだ。密林には半世紀前の不発弾が散乱し、獣道《けものみち》に転がる鉄兜《てつかぶと》は敵弾に射貫かれた穴が痛々しい。貫通痕は飯ごうにもまた小さな水筒にも容赦はなかった。先人達はこの地でかくも激しい戦闘に生命を捧げたのか、おもむろに拾い上げた水筒を元の場所に戻して軽く頭を垂れた。

いたるところに散乱する遺品、撃墜された米軍機の残骸、将兵達が腰に下げていたであろう防毒マスク、そして地面に突き刺さったままの艦砲弾――〝大東亜戦争〟がいま私の目の前にあった。

そしてしばらくジャングルを進んだ頃、隊列の前方より、戦闘壕発見の一報に私は急な斜面を駆け上がった。するとそこには直径1メートルほどの壕が口を開けていた。壕の入り口には撃破された速射砲が無惨な姿をさらし、苔《こけ》に覆われた未使用弾が山積みされている。

団員として遺骨収集に参加した高知県・朝峯《あさみね》神社の宮司・野村尊應氏、そして団長を務める東條由布子氏と共に私は壕の中に足を踏み入れた。しかし大人が腰をかがめてやっと入れるぐらいの戦闘壕の中は、想像を絶する危険な空間でもある。散乱する不発弾がひとたび起爆すれば命はない。大東亜戦争中の代物とはいえ、爆薬はいまでも活きているのだ。唾を飲み込み、転がる手榴弾を避けて壕の奥に進む。

そのとき、懐中電灯の明かりの先に白い塊が浮かんだ。

ハッと息をのみ、再度照らし出された壕の奥に視線を送ると、私の眼球が人間の頭《ず》蓋骨《がいこつ》を捉えた。一瞬のうちに時間が止まり、鼓膜はあらゆる下界の雑音を遮断した。

なんということだ！

震える下唇から嗚咽《おえつ》を漏らした私は、ひざを落として涙にくれた。

戦火が止んで半世紀、祖国のために戦いそして散華した将兵がいまもこの暗い戦闘壕の中に放置されていたのだ。草むすかばねとなった将兵達はこの暗い壕の中でただひたすら祖国の弥栄《いやさか》を祈り続けてくれたのである。

銃痕が何カ所も残る鉄兜(上)。戦闘壕の中には、いまもまだ多くの日本兵の遺体が弔われないまま眠っている(左)

唯々《ただただ》申し訳なかった。

「ご苦労さまでした――。ただいまお迎えにあがりました」

遺骨についた土をそっと払いながら言葉を添えた。

どこからともなく聞こえてくる『海ゆかば』。この地に散華された英霊の皆様、ほんとうにありがとうございました。そしてご苦労さまでした。大粒の涙が抱き上げる遺骨に落ちた。そこにはシャベルを墓標に3人の兵士が横たわっていた。

そのうちの一つには「宮田」と白い文字がはっきり見える。頭蓋骨が悲しげな表情でこちらを見つめていた。

私は〝宮田さん〟に駆け寄った。

「長い間、ご苦労さまでした――」

神職である野村氏が塩と米で鎮魂の清めを行い、そして私は内地から持参した恩賜《おんし》の煙草《たばこ》に火をつけて傍に供えた。すると英霊の御霊《みたま》が靖国の杜《もり》へ帰ってゆくかのように、紫色の煙が真っ直ぐ立ち昇った。

筆舌に尽くし難い辛苦《しんく》と、身は裂けるとも砕けることのなかった彼らの雄々しき忠義にいかなる感謝の誠を捧げればよいのか。戦端が開かれて半世紀以上、将兵達はたとえ白骨の身になろうとも暗い洞窟陣地で戦い続けていたのである。

足の骨を収めたままの朽ちた軍靴《ぐんか》、ずっしりと重い大腿骨、治療痕もない健康な歯並びの下顎……。我々は無心に遺骨を拾い集めた。

「私達はいま〝神様〟を手にしているのですよ」

野村氏の言葉は、暗い戦闘壕内に一陣の神聖な風を呼び込んだ。

「ごめんなさいね――。皆さん一緒に祖国に帰りましょうね、帰りましょうね……」

東條由布子氏が遺骨を胸に抱きしめて涙に暮れる。その光景は無条件に周囲の涙を誘った。

彼女は〝大東亜戦争〟を一身に背負わんとしていたのである。しかしそんなことがあってはならない。かつて日本国民は挙げて出征兵士を歓呼の声で送り出したのではなかったか。東條氏のその姿に、私はかの「復讐裁判」に対する怒りが込み上げてくるのだった。

次々と救出される遺骨は、壕の外で待機する団員に手渡されてゆく。ある者は嗚咽を漏らし、またある者は遺骨を前に一心に合掌した。そして若い学生らは驚きの眼をもって「勇士達」を両腕に抱いた。

そうした中、靖国神社に奉職する神屋菜摘《かみやなつめ》女氏に抱きかかえられた遺骨は、その頭蓋骨を彼女の胸元に埋めて安らかな表情を浮かべていた。

「井上さん、見てください。神屋さんに抱かれるご遺骨は母親の胸に抱かれる赤ん坊のようです。きっと、きっと……」

野村氏は声を詰まらせた。

彼女に抱かれた遺骨は、まるで母の腕に帰った子供のようであった。

怨敵《おんてき》必滅の信念に燃え、敵に神弾の雨を降らせたこの勇士は、いま祖国のおみなえしの胸で安らかに眠る。きっとこのとき、その御霊《みたま》は靖国の杜へ帰っていったことだろう。

米軍が恐れた中川大佐の訓示

日本軍守備隊が不屈の敢闘精神で守り抜いた主陣地・大山の険しい密林に洞窟陣地は点在する。その中には草むすかばねとなった多くの将兵がいまも横たわっている。我々を先導してくれたアンダーウッド氏は、私費を投じてペリリュー島を歩き回り、戦史に残る名勝負〝ペリリュー戦〟の全容把握に努めてきたという。そして彼はついに中川大佐が自決を遂げた司令部壕を探し当てた。そそり立つ岩盤に守られ、最期まで敵の侵入を許さなかった中川大佐の司令部壕は大山山頂付近にあった。

未曾有の大損害を出しながらじりじりと主陣地に迫る敵を前に、中川大佐は部下に訓示した。

《戦《いくさ》は、つまるところ人と人との戦いである。戦う意志と力をもつものがいるかぎり、戦いは終わらず、勝敗も決まらない。陣地を守る事はその戦いぬくための手段のひとつ。問題はできるだけ多数の敵を倒し、できるだけ長く長く戦闘をつづけることにある。それには守る陣地が多いほどよかと》（『戦士の遺書』）

熊本出身の剛毅な中川大佐は冷静な眼を持っていた。

サイパン、グアム、テニアン戦における万歳突撃の失敗を教訓に、中川大佐は、全島に張り巡らせた無数の複郭《ふくかく》陣地で徹底的な持久戦を戦い抜いたのだ。その戦術は見事に成功し、複郭陣地の硬い岩盤が米軍の艦砲射撃も、また執拗な航空攻撃からも将兵を守ってくれたのだった。そして、物量では絶対不利の劣勢にありながら、精神力に優る１万２０００人の守備隊は、その兵力の大半を失いつつも米軍に１万人を数える人的損害を強いたのである。

そこで米軍は日本軍の堅固な複郭陣地をしらみ潰しにしながら大山山頂を目指していった。日本軍の潜む壕にはガソリンを注ぐなどして焼き払い、またブルドーザーなる〝新兵器〟をもって次々と陣地を塞いでいったのだ。

だがそれでも日本軍将兵の戦意は潰《つい》えなかった。

夜間には少数による夜襲をかけ、日中は岩陰から米兵を狙撃するなど、これまでとは違う日本軍守備隊の戦法に遭遇した米軍は恐怖のどん底にたたき込まれたのだ。

米軍が、「夜襲を止めてくれればこちらも爆撃は止める」と拡声器で日本軍に呼びかけた事実などは、日本軍の夜襲がいかに効果的であったかという証左であろう。

米兵達の心胆を寒からしめたこの日本軍の戦闘について、アンダーウッド氏は語る。

「日本兵の射撃の腕は見事なもので、岩陰から1発で米兵をしとめた。そして夜になれば暗闇から襲ってくる。米兵達は〝見えない敵〟に震え上がったんだよ」

が、圧倒的物量に任せた米軍の包囲網は次第に狭まり、精強な日本軍守備隊も10月

23日には700人となり、翌11月18日には150人と減っていった。そして同23日からは米軍の総攻撃が開始され、米軍はいよいよ中川大佐がたて籠る司令部壕の目前に迫った。

いまや健在なる者50余人、小銃弾わずかに20発、もはや水は涸《か》れ食糧も尽き果てていた。

昭和19（1944）年11月24日午後4時、軍旗を奉焼した後、軍司令部宛てに最期を告げる「サクラ・サクラ」を打電、中川大佐は村井権治郎少将と共に自刃に果てた。日清、日露を戦い抜き、大東亜の決戦場に赴いた栄光の水戸第2連隊の組織的な戦闘は、ここペリリューに終焉したのである。

しかしその後もいまだ健在なる連隊将兵57人は中川大佐の厳命により、遊撃戦を続けた。

そして山口永《ひさし》少尉以下34人の勇士が呼びかけに応じて銃を置いたのは、終戦から実に1年8カ月後の昭和22年4月21日のことだった。

《軍人は最後の最後まで過早《かそう》の死を求めず、戦うのが務めというものだ。百姓がクワをもつのも、兵が銃をにぎるのも、それが務めであり、務めは最後まで果たさんならんは、同じこと。務めを果たすときは、誰でも鬼になる。まして戦じゃけん。鬼にならんで、できるものじゃなか》（『戦士の遺書』）

鬼神をも哭《な》かしめた軍人・中川州男大佐が遺した最期の言葉であった。

賞賛される東條氏の〝勇気〟

ピタリと波が止んだ海面は、鏡となって日没迫る夕焼け空を映していた。凪いだ海面に跳ねる小魚は、静まりかえった海岸の唯一の生命であるかのようにも思える。

大山の遺骨収集を終えた私は、コテージの裏の海岸を一人歩いた。

かつてこの島で祖国のために生命をかけて戦った先人達を思ってただ歩いた。

そして遺骨を拾いあげた手のひらを眺めて力いっぱいの拳をつくった。と、そのとき、100メートルほど離れた砂浜に、日没の海をじっと眺める一人の白人男性がいた。

しばらくして彼も私の存在に気づくと、こちらに向かって軽く手を上げた。

近づいてみると、日中に我々と共に大山を歩いたアメリカ人のカメラマンだった。

彼は、ダン・ウォルデラと名乗った。

握手しながらお互いの名前を交換し合ったものの、次の言葉がなかなか切り出せない。

彼も私が日本人であることを意識し、私もまた彼がアメリカ人であることを意識していたからに違いない。

「美しい景色だね。私は日没の絶好のタイミングを狙っているんだよ」

撮り終わったフィルムをかざしながら笑顔で話し始めたウォルデラ氏。なぜだか私はホッとした。

彼は夕陽に染まる海を見つめてつぶやいた。

「50年前も夕陽がきれいだったんでしょうね……」

そして彼の次の言葉は私を真剣な表情へと急変させた。

「私の父は1944年に戦死したんです、このペリリューで。陸軍第81師団でした」

二人が立つ浜辺こそ、米陸軍第81師団「ワイルド・キャット」の上陸地点だった。

「そうですか……」

遺族を前に私は多くを語るべきではないと悟り、以後の言葉をウォルデラ氏に譲った。

「ところでミスター・イノウエ、今日の遺骨収集団の中にジェネラル・トージョーの孫娘さんがいらっしゃったとは知りませんでした」

アメリカ側慰霊団にそのことがすでに知れ渡っていることに驚き、私は無言で頷いた。

　彼はつづけた。

「なんという勇気だろうか。私は彼女に深い敬意を表したい。どうか、彼女にそう伝えていただけないだろうか」

　胸に手を当て、心からの敬意を表すその姿勢に感動した私は彼に握手を求めた。

「もちろんです、もちろんですとも！」

　いまは亡き父親が上陸した砂浜に立ったダン・ウォルデラ氏。彼は、再び夕陽に向かって何かを語りかけていた。

執念の集骨

「財産はありませんが、この身ひとつでペリリューに行って主人を捜そうと思いました」

　そう語ってくれたのは、宮城県からやってきた82歳の安彦安子さんだった。

　ラバウル―トラック―ペリリューと激戦地を転戦したご主人が、飛行場付近の戦闘で戦死したことをつきとめた安彦さんは、亡き夫の遺骨をなんとか探し出そうとこれまで何度もペリリュー島にやってきた。そして彼女は、60年代に最初の遺骨収集団に参加して以来、3カ月ごとに日本とパラオを単身で往復し、島内に散らばる遺骨を拾い集めてきたというのだ。

夫の面影を瞼《まぶた》の裏側に浮かべながら、土にまみれた遺骨を拾い上げていると、その一つひとつの遺骨がご主人に思えて涙が溢れてきたという。そして頬を伝う涙が、拾い上げる遺骨に落ちると、安彦さんは遺骨に語りかけるのだった。

「これはジャングルの滴ではありませんよ。私の涙ですよ」

ところがそんな彼女の献身的な遺骨収集作業の前に思わぬ障害が現れた。

それは日本の厚生省（現・厚生労働省）だった。

遺骨収集を管轄するはずの厚生省の妨害によって、その後の遺骨収集を一時断念せざるを得ない状況に追い込まれたこともあったというのだ。

そこには厚生省のお粗末な遺骨収集行政の実態があった。

これまで厚生省は、南方の島々における遺骨収集を実施してきたものの、大腿骨など1本で〝一人〟と数えていたらしい。こんな数え方では、収集した遺骨が210万本に達した段階で遺骨収集は完了したことになるではないか。

もっとも四肢《しし》散々となった遺骨を深い密林の中で探し出すのは決して容易なことではない。したがって粗略の一言で片付けるにはいささか気の毒ではあるが、このペリリュー島でさえいまだ5000柱の遺骨が回収されぬまま壕の中で眠りつづけている現実を直視していただきたい。そして日本国政府が責任をもってこうした遺骨の収集作業に尽力すべきであろうことは、ここにあらためて行を割くまでもなかろう。

「母は、今回で最後だろうと思います」

そう口にしたのは、安彦さんの一人娘・池田良美さんだった。重病と高齢が安彦さんの渡航に立ちはだかっていたのだ。戦死した父親は、良美さんの産まれる7カ月前に出征されているので、その面影は彼女の心の中にしかない。ただ、亡き父が命名した「良美」という名前だけが、1本の細い糸のような親子の〝実感〟だった。

彼女は、父親がこの世に生きた証を求めてペリリューにやってきた。そしてこの小さな南方の島でこれまで目にしたこともない父親の姿を心の中に見るのだった。

南海の孤島ペリリューには〝前線〟と〝銃後〟が同居していたのである。

目を真っ赤にしながら語る池田良美氏の傍で、黙って聞き入るのは娘の恵美さん。

祖母と母に連れられてやってきた彼女はまだあどけなさが残る23歳だった。そんな彼女は、祖父が好きだった尺八《しゃくはち》をこの島で演奏するため日夜練習を積んできたのだという。むろん祖父を見たこともなく、またその腕に抱かれたこともない彼女は、日本の音色を通して祖父の温もりに触れようとしていたのである。

その夜、島に突然のスコールがやってきた。地表を叩き、木々をなぐりつける激しい雨は、これまさに英霊の絶叫か、あるいは感涙か。

私は上半身裸で外に飛び出し、天より降り注ぐ英霊の〝涙〟に身をうたせた。

祖国を思ってこの地に散華した1万2000柱英霊に対する感謝の気持ちが当時30代半ばの私の中で爆発し、戦後教育の腐臭を洗い清めたかったのだ。

17人の水上決死隊

ペリリュー島の桟橋からパラオ共和国の首都（当時。現在はバベルダオブ島のマルキョク）が置かれたコロール島を目指してボートはひた走る。ペリリューにやってくるときには気にも留めなかったリーフの浅瀬に眼を凝らして呟いた。

「この海を渡っていったのか……」

昭和19（1944）年9月23日、飯田義栄少佐率いる高崎第15連隊第2大隊は、ペリリューに逆上陸を敢行する。ところが米軍の警戒網に捕捉され、兵力の3分の2を損失する大打撃を被り、中川大佐が陣取る司令部壕に辿りついた者は、わずか200人に過ぎなかったという。

一方、ペリリュー守備隊の司令部は、これ以上の援軍派遣はただいたずらに兵を失うだけだと考え、このことを本島の司令部に伝達すべく泳ぎの得意な者17人を選抜し、数十キロ離れたパラオ本島に差し向けた。しかしその途中、米軍機に遭遇するなどしてパラオ本島に泳ぎ着いた者はわずかに二人だった。

私の行く海の道は、まさしく水上伝令17人が決死の覚悟で泳いだ水路であり、またこの海域は、海軍水上特攻隊が米艦船に壮烈な体当たり攻撃を敢行した海の決戦場でもあった。

遠くには座礁したまま無惨な姿をさらす輸送船が見える。米海軍の船だろうか。

また「ゼロスポット」と呼ばれる場所には、日本海軍の零戦が浅瀬に海没しており、引き潮になれば垂直尾翼が海面に姿を現す。さらに近年ではロック・アイランドの島の一つで、艦上爆撃機「彗星」が発見され、多くの遺品とともに乗員の遺骨も発見されたという。

陸に、海に、空に、半世紀以上前のこの地域では壮絶な死闘が繰り広げられていたのである。

ボートは再びエンジンをうならせ、エメラルドグリーンの海を疾走する。

ところがどうしたことか、ボートが突然蛇行しはじめた。右、左――操舵手は身を乗り出して海面を睨みつけている。いったい何事がおこったのかさっぱりわからない。船主のスギヤマ氏も「右だ！」「左だ！」と躍起になって操舵手に指示を与えている。

すると突然、「ドンッ」という衝撃音が船底に響き、その途端に操舵手がTシャツを脱ぎ捨て、海に飛び込んだ。事故か？

よりによってこんなときにと、焦りがこみ上げてきた。なぜなら私が向かっているのは大統領官邸であり、この日、私はパラオ共和国の国家元首クニオ・ナカムラ大統領と午前11時に面会することになっていたからである。

そして海に飛び込んだ操舵手を不安を抱きながら捜すと、彼はとてつもないデカイ物体と格闘しているではないか。もう頭の中がパニック状態になった。ところがしばらくして彼が親指をかざして何かをやり遂げたサインを送ってきた。彼が水中で格闘していた得体の知れない物体はナポレオンフィッシュだった。

スギヤマ氏と息子の操舵手は、船上に引き揚げた獲物を前に「この魚は食べると最高に美味しいんですよ、売ればマーケットで300ドルはしますからね」と、得意気だった。

笑顔の二人に私は心が和んだ。そして自然と共存するこの島の人々が羨《うらや》ましくも思えた。

私が眼の前にしたこの〝水上決死隊〟は、見事にナポレオンフィッシュを仕留め、穏やかな決戦の海域をあとに一路コロール島を目指して再び波を蹴ったのだった。

ナカムラ大統領の誇り

「私にとって日本は親愛なる国なのです。もし、パラオ以外の国を選ぶとしたら〝日本〟です。私の父は純粋な日本人であり、私の身体にも日本人の血が流れています。それは誰にも変えることはできません。私はそのように生まれたことを幸せに思っています」

パラオ共和国の国家元首・クニオ・ナカムラ大統領（任期は1993年1月－2001年1月）はそう語ってくれた。

大統領はつづけた。

「私は、世界で一番素晴らしい国に belong しています。Two of the best country in the world――世界でも最も先進国である日本と、世界で最も平和で開発途上の国パラオ――私のこの小さな目を見てください、これは日本人の目でしょ？」といって笑みをこぼした。

私は大統領に尋ねた。

「大統領は日本人の血が流れていることに誇りをお持ちなのですね」

ナカムラ大統領は私がいい終わらぬうちに「イエス」と放った。

この会見が行われた大統領官邸の執務室には日本の伝統工芸品や人形などが並べられ、彼の親日ぶりがうかがえた。

クニオ・ナカムラ大統領は、日本人の父親とペリリュー出身の母親の間に生まれた8人兄弟の7番目。大統領は家族の写真を指し示しながら兄弟を私に紹介してくれた。面白いことにナカムラ大統領の名前が「クニオ」で、すぐ上の兄の名前が「マモル」というそうである。つまり、二人合わせて「国を守る」なのである。そんな歓談もそこそこに、私はメモ帳に折り目をつけて政治論の口火を切った。

「では大統領、先ず我が国に期待されることをお伺いしたいのですが?」

ソファーに深く腰を掛けなおした大統領は真剣な表情で両国関係を展望する。

「日本とパラオ両国の関係はとても良好です。そして今後さらに発展してゆくことでしょう。我々はこれを育成（Nurture）してゆかねばなりません。夫婦関係と同じです。しかしパラオは1994年に独立してから5年です。人間でいえばまだ歩き始めたば

日本への感謝の意を語るクニオ・ナカムラ大統領(当時)

かりです。だから継続的な日本の経済援助が必要なのです」

そして大統領はつづけた。

「同時に私達も日本にお返しをしなければならないと考えています。独立国としてただ貰うだけではいけません。それは我々のヴィジョンなのですが、なにか貢献しなければならないと考えています。Relationship というのは Give and Take でなければなりません。結婚も同じでしょう」

大統領は、その座右の銘「人生では感謝の意を示すことは非常に大切である」を何度も繰り返したあと次のように語った。

「我々は、日本の国連における立場や、

旭日旗を笑顔で振るパラオの少女。日本との良好な関係は次世代へ

日本の国際組織への貢献、あるいは様々なプロジェクトを支持してゆきます。日本が支援を必要とするならいつでも日本の立場を支持してゆきます」

中国に聞かせてやりたい話である。14億の人口を抱える大国の〝1票〟も、数万人の独立国家の〝1票〟も国際社会では同じ〝1票〟にかわりはない。3兆円もの膨大なODAに対して何のありがたみも感じない「大国」と、それに比べれば微々たる額の日本の経済援助に感謝の気持ちを忘れず、さらに日本の国際的立場を擁護してくれる「小国」。何かが間違っているように思うのは決して私だけではないだろう。

後日、大統領補佐官が私に語ってくれ

たところによると、日本の核燃料輸送船が太平洋を通過する問題が持ちあがったときも、ナカムラ大統領は日本支援の立場から周辺各国に働きかけ、そのおかげで他の国々はこれを了承してくれたとのことだった。

親日元首・ナカムラ大統領のこうした陰の力が現在の日本経済を支えていた事実を知っておく必要があろう。

太平洋地域における日本の政治的リーダーシップの必要性、また日本の国連常任理事国入りについても肯定の姿勢を表明してくれたナカムラ大統領は、このインタヴューの最後を次のように締めくくった。

「我々は、次の世代もまた現在のような良好な両国関係であり続けてゆくようにする大きな責任があるのです」

敵将ニミッツからの賛辞

ペリリュー戦の火蓋が切って落とされた日から56年目にあたる平成11（1999）年9月15日、日章旗はためく「ペリリュー神社」で戦没者慰霊祭が執り行われた。

浄衣に身を包んだ野村氏と岡田博親《ひろちか》氏（高知県・賀茂神社禰宜《ねぎ》）が、神妙な面持ちで祝詞《のりと》を奏上し、あたりは粛然とした雰囲気に包まれた。

野鳥はさえずりを控え、草に鳴く虫も遠慮がちに低唱するかのようであった。そして気ままな潮風も秩序ある涼風となって紙垂《しで》を揺らしたのである。厳粛な鎮魂の祝詞は島中に響き、いまだ草むすかばねとなりし英霊にも届いたことだろう。

この慰霊祭には、大山の遺骨収集作業に協力してくれた元海兵隊員達も臨席し、彼らは姿勢を正して進行を見守っていた。

そして参列者による玉串奉奠《たまぐしほうてん》の案内が告げられた。

そのとき、どこからともなく『さくらさくら』の旋律が聞こえてきた。

この島で祖父を亡くした池田恵美さんによる鎮魂の尺八演奏だった。太く乾いた音色がペリリュー神社を包み、参列者はその美しい旋律に聞き入った。むろん、「サクラ・サクラ」の電文と共に、栄光の歴史に幕を閉じた水戸第2連隊の英霊の耳にも届いたはずである。次々と演奏される祖国のメロディーは、この島で散華した全将兵の御霊を鎮めたことだろう。

「おじいちゃん、おじいちゃん聞こえますか――」

彼女が心で語りかけたその言の葉は、参列者の胸をうった。それは、玉串を手に瞼を拭う皆の姿に明らかだった。ある者はこの地に斃《たお》れた肉親を思って肩を震わせ、またある者は最期まで勇敢に戦い抜いた兵士達を脳裏に描いて瞼を閉じた。

慰霊祭に参列し、東條氏と握手する元米海兵隊員

その孫が、面影もない祖父へ捧げた日本の調べの数々はきっと天に届いたことだろう。

式典に参列した元海兵隊員らも玉串を捧げ、そして神殿に挙手の礼を投げた。

かつての敵もいまは友。かくも勇敢に戦った日本軍将兵に対する敬意は半世紀を経た現在も彼らの心に朽ちることはない。

そして彼らはまた、同日ブラッディーノーズリッジで執り行われた米軍側慰霊祭に献花を申し出た東條由布子氏にいたく感動し、最大限の敬意を込めて彼女を歓迎した。さらに遺骨収集団に参加されていた山口多聞《たもん》提督の子息・山口宗敏《むねとし》氏が米軍慰霊碑に捧げた挙手の礼に、提督をこよなく崇敬する元米兵達は感激したのである。

そして、この島で父親を亡くした池田良美氏とダン・ウォルデラ氏は抱き合って泣いた。

二人はきっとセピア色の写真でしか見たこともなかった亡き父の体温をここペリリューではじめて感じたことだろう。共に勇敢に戦い、そしてこの島に果てた二人の父は、その遺伝子に次代の友好を託したのである。

池田さんに生前の父の写真を笑顔で見せるウォルデラ氏。そしてウォルデラ氏に肩を抱かれた池田さんもまた口元を緩ませた。旧知の友のように笑顔を交わす二人の間でなにかが終わり、そして新しくなにかが始まっていた。

戦争は悲劇であり、これを望む者はない。

しかし、父母兄弟、妻や子をそして祖国を護《まも》らんと戦陣に散っていった幾百万の将兵達は、至純の愛をもって戦ってくれたことを忘れてはならない。

ペリリュー神社にはこの地を訪れる日本人を無条件に驚かせ、そして〝世界の常識〟を思い知らされる石碑がある。

〝TOURIST FROM EVERY COUNTRY WHO VISIT THIS ISLAND SHOULD BE

ニミッツ提督の言葉を刻んだペリリュー神社の石碑

TOLD HOW COURAGEOUS AND PATRIOTIC WERE THE JAPANESE SOLDIERS WHO ALL DIED DEFENDING THIS ISLAND"

つまり——。

「諸国から訪れる旅人たちよ、この島を守るために日本軍人がいかに勇敢な愛国心をもって戦い、そして玉砕したかを伝えられよ」

敵将・米太平洋艦隊司令長官C・W・ニミッツ提督から贈られた賛辞であった。

国を守るために尊い生命を捧げた軍人に感謝することは当然である。しかし戦後の日本人はそんな常識をいつしか忘れ去り、先人の尊い犠牲の上に築かれた〝平和〟を当然のことのように享受してはいまいか。〝平和〟を声高に標榜《ひょうぼう》することが良識人であると錯覚し、平和を守るための尽瘁《じんすい》や汗を軽んじてはいまいか。

我々はなにかを忘れている。ただひたすら祖国の平和と弥栄《いやさか》を願い、北の荒野にそして絶海の孤島に散華された先人達のことを。

おさまりきらない諸々を胸に、島に別れを告げた私は、船上より玉砕の島「ペリリュー」を振り返った。かつて歓呼の声に送られて祖国日本を後にしていった将兵達が、いまもこの島で戦いつづけている。

彼らはあの暗い壕の中で草むすかばねとなりながら祖国からの救援を待っているのだ。

大東亜戦争いまだ終わらず。

すべての将兵がペリリューから帰還するその日まで……。

第4章

【台湾】「大和魂を持っていた」と胸を張っています

「ええ、金美齢さんから聞いております。井上さんですね。それでいつ頃台湾《こちら》へおいでになりますか?」

受話器から見事な日本語が耳朶《じだ》を打った。

「今月(2月)末、26日に台北に到着の予定ですが、この辺りはいかがでしょうか?」

〝老台北《ラオタイペイ》〟はゆっくりとした口調でいった。

「そうですか、空けておきましょう。お着きになったら連絡を下さい」

私と台湾の出会いは1997(平成9)年にさかのぼる。

私が台湾取材の準備を始めていた頃、いまでは師匠と仰ぐ評論家・金美齢女史の自宅に招かれるという機会に恵まれた。

「井上君、これ読んでみて」

金美齢女史がテーブルの上に差し出した本は司馬遼太郎著『街道をゆく40　台湾紀行』（朝日新聞出版）だった。

同書は、司馬氏と〝老台北〟の実に味のあるやりとりが読者を引きつける。〝老台北〟の発する言葉には奥行きがあり、活字から心の温かみが伝わってくるようだ。

〝老台北〟、いったいどんな人なのだろう……。

読み終えて金美齢女史に再び連絡をする。

「その本に出てくる老台北――蔡《さい》さんネ、あなたに紹介するわ。頑張ってネ」

かの大作家・司馬遼太郎の道案内役を務めた〝老台北〟こと蔡焜燦《さいこんさん》氏が、この私のガイドを務めてくれるというのだ。

それから数週間というもの、台湾に関する本を手当たり次第読みあさる毎日がつづいたのだった。

〝老台北〟との出会い

「蔡です。ようこそ台湾へおいでになりました。さぁ、あちらでお茶でも飲みながら話しましょう」

『台湾紀行』に描かれた似顔絵そのままにどこか仏様のような優しい表情の〝老台

北〟こと蔡焜燦氏。司馬遼太郎氏もきっとこの笑顔に出迎えを受けたことだろう。

向かい合って椅子を引き、台湾の話を……と思いきや、〝老台北〟の口から飛び出したのは児玉源太郎、後藤新平、乃木希典《のぎまれすけ》、明石元二郎《もとじろう》。いずれもが新生日本の門出に立ち、日本を世界に冠たる国へと創りあげていった偉人達であった。実は、彼らは台湾の近代化に貢献した人々だったのである。

学校で決して教わることのない近代日本の偉人達の偉業を、台湾で、しかも台湾人の蔡焜燦氏から教わることになった。私はこのときはじめて司馬遼太郎著『坂の上の雲』の登場人物に満腔《まんこう》の親近感を覚えたのである。

「日本は台湾の近代化のために一生懸命でした。なにせ台北の下水道施設などは内地よりも早かったぐらいです。衛生管理を徹底することによって伝染病などを一掃しました。それから教育などはあらゆる身分の人が受けられるよう、金を与えてまで就学を奨励しております。こういったことが今日の台湾発展の基礎となっているんです。とにかく良いことは良い。我々台湾人はそう受け止めています」と蔡さんは語る。

驚くべき事実であった。

「台湾統治」＝「植民地統治」＝「搾取《さくしゅ》」＝「反日感情」というお決まりのパラダイムはここには存在しないのだ。

「もっとも多少なり差別はありましたよ。台湾人と内地人の給料が同じではなかった。けどね、それ以上のことを日本はこの台湾のためにやってくれたんです。はい、これが事実です」

蔡さんの話す言葉の一つひとつに衝撃が走る。

と同時にこのとき私は自らの無知を恥じ、そして日本の「反日教育」にあらためて戦慄《せんりつ》を覚えたのである。

蔡さんは突如ティーカップの下に敷かれた紙をひっくり返してなにやら書き始めた。

太平洋の空遠く
輝く南十字星
黒潮しぶく椰子《やし》の島
荒波吼《ほ》ゆる赤道を
睨《にら》みて立てる南の
守りは我等台湾軍
あゝ厳《げん》として台湾軍

こう書き終えると、蔡さんはにっこり微笑みながら「本間雅晴」と書き添えた。

それは『台湾軍の歌』の歌詞だった。

本間雅晴とは、かの「陸軍第14軍司令官・本間中将」のことである。大東亜戦争緒戦のフィリピン攻略戦において、米軍司令官マッカーサーをバターン半島から追い落とし、のちにこの屈辱の復讐《ふくしゅう》としてマニラの軍事法廷で「バターン死の行進」の責任者という謂われなき汚名を着せられ、銃殺刑に処せられた。つまりこの『台湾軍の歌』は、昭和15年に台湾軍司令官に着任した本間中将の作詞による軍歌であった。

蔡さんはサッと老眼鏡を外してその紙を私に差し出した。

「この歌はネ、いまでも台湾の人々の間で歌われています。台湾を守ろうという歌詞が素晴らしい。ネ、いい歌でしょう？」

蔡さんは目尻に可愛らしい皺《しわ》を寄せて私に迫った。

「恥ずかしながら、こんな歌があることすら知りませんでした」

私がそういうと、蔡さんは悪戯《いたずら》な表情を浮かべるや、再びペン尻をくるりと回して紙面を走らせた。

出征前、家族と写真に納まる蔡さん(写真中央)

祖《そ》霊《れい》ましますこの山河
敵にふませてなるものか
人は石垣　人は城
情は味方　仇は敵　仇は敵

そう書き終えると蔡さんはいった。

「これは台湾人の心情。台湾のための歌です」

今度は『武田節』の2番の歌詞だった。もうここまでくるとどっちが日本人だかわからなくなる。

司馬遼太郎氏は、この〝老台北〟を「博覧強記《はくらんきようき》の人」、「日本語の語感のたしかな人」と評しているのだが、私にもその意味がわかってきた。

「我々は〝元日本人〟。私は元岐阜陸軍

航空整備学校奈良教育隊生徒だったんです。だからいまの航空自衛隊は皆私の後輩ですね」

ごもっとも。蔡さんはつづけた。

「考えるときは日本語、家内は寝言も日本語。我々は〝日本語族〟なんです。私はね、台湾と同じくらい日本を愛しているんです」

「日本には大和魂などというのはもうなくなったんじゃないですか？（床を指差して）台湾《ここ》にはあります」

熱い感動が私を包みこんだ。

目の前の〝老台北〟がかすみはじめ、瞼《まぶた》の軽微な痙攣《けいれん》が鼻先に届いたとき、感動が頬を伝って落ちた。すると〝老台北〟が再び私の目の前に現れた。

「ははァ〜、これでわかりました。金美齢さんがあなたを私に紹介してくれた理由が」

蔡さんは右手でテーブルをポンと打って私の顔を覗《のぞ》き込んだ。

そして蔡さんは少し語気を強めていった。

「井上さん、自分の国を愛しなさい。憂国の気持ちを持ちなさい。自分の生まれた国を愛さないような人は……これはダメ」

これが私と蔡焜燦さんとの最初の出会いであった。

台北は「日本建築博物館」

イエロー・キャブと50ccバイクに埋め尽くされた台北の街をゆく。

ここは日本の繁華街に優るとも劣らぬ看板のジャングルだ。繁栄を謳歌《おうか》する台北の街。

そんな市内に林立するビル群の中に、ひときわ目立つ赤煉瓦《れんが》造りの建物がある。この街を訪れる観光客が記念写真の背景として選ぶこうした瀟洒《しょうしゃ》な建物は、実は日本統治時代の遺産だったのである。明治期を代表する日本の洋風建築があちこちに残されており、台北の街全体がまるで「日本建築博物館」のようでもある。

台湾総統府はそんな日本建築の代表格だ。

かつて「台湾総督府」として建てられたこの建物は、戦後その名を変えたもののいまも台湾の政所《まんどころ》であることになんら変わりはない。

住居もその例にもれず、かつての日本家屋がそのままの姿で使われている。こうした日本家屋が密集する地区に足を一歩踏み入れれば、「ここはどこ？」と軽い錯覚に襲われるはず。

台北、ここは日本時代に整備された社会基盤の上に台湾人が汗水流して築き上げた

日本統治時代の遺産、台湾総督府。台湾総統府として使われている

財によって繁栄する都市なのだ。

街の屋台を覗いてみるのもこれまた面白い。

なんと「おでん」「タコ焼」「手巻き寿司」が日常化しているのには驚かされる。そしていたるところに「日語」の看板を目にするが、これは文字通り「日本語学校」のことである。

台湾では日本語を学ぶ若者が多い。もっとも台湾の日常会話にもかつての日本語が根を下ろしているから面白い。「多桑《トーサン》」、つまり「父《とう》さん」。「欧吉桑《オジサン》」、これで「おじさん」。このように日本語がそのまま使われているケースは枚挙に暇《いとま》がない。近頃では中国語でいう「的」(英語の「of」)に代わってひらがなの

「の」が使用されているからけっさくだ。

二・二八事件と『幌馬車の歌』

台湾の歴史に造詣《ぞうけい》を深めれば、誰もが「二・二八事件」に眉をひそめ、ここにはじめて「台湾が中国の一部ではない」ことを認識することになる。

二・二八事件、それは、中国大陸における中国共産党との内戦に敗れ、国家まる抱えで台湾に逃げ込んできた国民党政府が引き起こした前代未聞の大虐殺事件のことである。

この事件を知れば、「二つの中国、一つの台湾」という実態が見えてくる。

1945（昭和20）年8月15日、大東亜戦争は日本の敗戦で幕を閉じた。そして日本領であった台湾が中華民国に接収されることが決定するや、台湾人は中国国民党が流布した宣伝文句を疑いもせず額面通りに受け取った。いわゆる台湾の〝祖国復帰〟である。だがそれは、台湾人が日本統治に恨みを抱いていたからではない。「還我河山」「台湾光復」という耳に聞こえのよい標語に台湾の民衆は酔わされたのだった。無理もない、それを受け入れるだけでみじめな「敗戦国民」から「戦勝国民」へと立場をかえることができたのだから。そして人々は、「祖国」の軍隊をいまかいまかと待ちわびた。

10月17日、台湾北部の基隆《キールン》港に上陸し、首都・台北へと進軍してきた約1万2000人の中華民国軍先遣隊《せんけんたい》を目の当たりにした人々は大きな衝撃を受けた。

それまでの台湾人にとって「軍隊」とは、一糸乱れぬ行進で沿道の人々を魅了したかつての威風堂々たる「日本軍」の姿だった。ところが台湾接収のために大陸からやってきたのは、天秤棒《てんびんぼう》に鍋釜を下げ、みすぼらしい綿入り服に身を包み、唐傘をしょった草鞋《わらじ》履きの〝祖国〟の兵士達だった。中華民国の青天白日《せいてんはくじつ》旗を打ち振って出迎えた沿道の民衆は絶句し、その歓声は次第に静まり返っていったという。

そして見た目のとおり、大陸からやって来た国民党の兵士達は、略奪、凌辱《りょうじょく》、殺人とあらん限りの悪事をはたらき、台湾人の衣服を奪うために人殺しまでやるていたらくな兵士もいたというから恐ろしい。

先遣隊に遅れること1週間、台湾省行政長官兼台湾警備総司令・陳儀《ちんぎ》が台北に舞い降りた。そして10月25日には日本軍の降伏式が行われ、陳儀は、この日をもって台湾が中華民国に〝復帰〟した旨を台湾民衆に宣言した。だがそれは台湾人にとって〝悲劇〟の幕開けだった。

その後の台湾は、日本統治時代とはうってかわって汚職がはびこり、人々の道徳は乱れに乱れた。大陸からやってきた中国人＝「外省人」による台湾人＝「本省人」への差別・迫害はひどいものであった。

そこで人々は口々に「犬（日本人）が去って豚（中国人）来たり」と吐いた。犬はうるさいが守ってくれる、しかし豚はただむさぼるだけという例えだが、どうやらこれは日本時代に流行った漫画『のらくろ』のキャラクターをそのまま当てはめたものであるらしい。

外省人に職を追われた本省人が街に溢れ、人々は「こんなはずではなかったのに……」と日本時代を懐かしんだ。

そこへ未曾有のインフレが生活苦に追い討ちをかけた。

そんな矢先の１９４７年２月27日、中国人官憲によるヤミ煙草の摘発で取り押さえられた台湾人女性が彼等に暴行を受け、ヤミ煙草と売上金を巻き上げられた。さらに中国人官憲達は、売上金だけでも返してほしいと懇願する女性の頭部を銃床でたたきつけ重傷を負わせたのだった。要するに「法治」を建て前とした「かつあげ」に過ぎなかったのだ。

これを見ていた民衆は中国人官憲達を取り囲んで抗議の罵声《ばせい》を浴びせ始めた。こうした騒動の最中、官憲の放った銃弾によって群衆の一人が落命する。群衆はたちまち膨れ上がり、当局の建物を包囲するまでに至ったのである。

民衆の中国人に対する怒りは頂点に達していたので、事件の噂は一夜にして広まった。翌2月28日、中国人の非道横暴に我慢してきた台湾人はついに立ち上がった。ところがこれに対し、憲兵隊は丸腰の民衆に向かって機銃掃射で応えたのだった。

そして事件はまたたく間に全島に広がり、本省人と呼ばれた台湾人と外省人である中国人の対立は尖鋭化していった。この事件によって本省人は「台湾人」というアイデンティティーをより一層強め、またそれは幻の祖国「中華民国」への決別を決定的なものにしていったのである。

このとき、まだ大陸で国共内戦を戦っていた蔣介石《しょうかいせき》のもとに台湾の陳儀から民衆反乱の報告が舞い込んできた。

蔣介石はためらわなかった。彼は「格殺《かくさつ》勿論、100人の無辜《むこ》を殺しても一人の共匪《きょうひ》を逃すな！」と打電していたのである。

国民党政府はこの事件の後、「清郷《せいごう》工作」を実行する。

こうして全島が「白色テロ」の恐怖に包まれたのだ。医師、弁護士、学者、教師など台湾人の知識層が何の理由もなく次々と逮捕され、虫けらのように処刑されていったのである。この白色テロの犠牲になった台湾人は3万とも5万人ともいわれているが、その実態はいまも解明されていない。

この二・二八事件のあらましを語り終えた蔡さんは『幌馬車《ほろばしゃ》の歌』を口ずさんだ。

「逮捕された人達が突然名前を呼ばれる。処刑なんです。そのとき、名前を呼ばれなかった人達がこの日本の唄を歌ったんです。お別れの曲なんです」

蔡さんの喉が奏でる悲しいメロディーは、私の心に届いた。

いまにも泣き出しそうな曇天を仰いで歌う蔡さんの表情がいまも私の脳裏を離れない。

「日本のために一生懸命戦いました」

小雨の降る「二・二八紀念公園」で事件の追悼集会が厳かに催された。

二・二八事件の受難者の涙か、天より落ちる滴《しずく》の中、語り手が次々と入れ替わってマイクを握りしめ、テントの中の列席者も神妙な面持ちで聞き入っている。

と、そのとき、「どれだけ歩いたら人間として認められるのでしょうか。友よ歩きつづけましょう、その日の来るまで」と、日本語が飛び出した。女性の語り手だった。

彼女のいう「その日」とは台湾の独立の日であることは間違いなかろう。

私は、紀念碑の回りで頭を垂れる白いユリの花に視線をやった。台湾人の純真な心の如き白い花が雨にうたれ、何かを語り合っているかのように小刻みに揺れている。私にはこのユリの花が事件で命を落とした人々の姿に見えた。

そして式典を終えた会場では、あちこちで受難者へのインタヴューが始まった。報道陣にマイクを向けられた日本陸軍の戦闘帽を被った老紳士が声を張り上げる。

「国民党が共産党との戦いを台湾に持ち込んできたんだ！ こんなことを10年前に話したら即刻銃殺刑ですよ！ 台湾では10万人以上の人が殺された。恨みせんばんだ！」

「日本の方ですね」

見上げればそこには〝大日本帝国海軍士官〟が立っているではないか。

わが目を疑った。自前の海軍軍装に身を包み、胸には旭日旗のバッジをつけて列席していたのは陳春栄氏（日本名・古田栄一）。右手がサッと上がり、海軍帽の鍔《つば》に指先が止まる。私は挙手の礼を受けた。

陳氏はかつて回天特攻隊員として訓練を受けた大日本帝国海軍軍人だった。

「私は日本のために一生懸命戦いました。ほんと、精一杯戦いました。ところが戦後、台湾にやって来た大陸の連中につかまえられこんなふうに腕をへし折られたんです」

陳さんは涙を目尻に光らせながら語ってくれた。

袖を捲《まく》りあげ痛々しい腕を見せてくれた陳さん。私はこの大東亜戦争の英雄の腕に手を添えていった。

「ありがとうございました。どうぞお体を大切にして下さいね！」

私はそれ以上の言葉を発することができなかった。すると陳さんは拳を振り上げて語気を強めた。

「私の精神は〝大和魂〟です。帝国海軍軍人として日本の正義を証明するためにこうして軍服を着て参加しています。いまでも戦っているんです！」

海軍の軍装に身を包んだ陳春栄氏

こらえていたものがついに嗚咽《おえつ》にかわった。はるか南方の台湾で大和魂という言葉を再び耳にした私は、もはや溢れる涙を止めることができなかったのである。
〝老台北〟蔡さんをはじめ多くの台湾の人々が日本のために、そしてアジア解放のためにそのかけがえのない青春を捧げてくれたことを我々日本人は絶対に忘れてはならない。

文豪をひきつけた台湾

「井上さん、今日はどうだった？　少しは台湾のことがわかってきたでしょう」

二・二八事件の取材から戻った私をあの仏様のような笑顔で〝老台北〟は迎えてくれた。

「何といってよいのか……。二・二八事件って――驚きました。台湾の人々が日本のことを愛してくれていることも」

あまりの衝撃で感想をうまくまとめることができなかった。

脳ミソがパンク状態で単語が無秩序に口から飛び出す私の〝症状〟を見た蔡さんは、「ま、そのへんにしときましょう。しかし今日はこれからもっとあなたを驚かせましょう」と、顎を持ち上げ得意気な手品師のような表情で私の肩をポンとたたいた。

その夜、国賓大飯店のレストランに現れたのは蔡さんの竹馬《ちくば》の友で、やはり元陸軍航空整備学校生徒の張国裕氏。蔡さんは〝戦友〟と紹介し、彼を呼ぶときは「クニオ」と日本名で呼ぶ。中華民国傳統詩學會《でんとうしがつかい》の名誉理事長だった。

そしてしばらくして現れたのが陳絅暉《ちんけんき》氏（２０１２年逝去）。「友愛グループ」、つまり〝美しい日本語を守る会〟の会長だった。

当時、陳さんは関東日華親善協会の常任理事を務め、万国専利商標事務所の顧問も兼任するとにかく〝偉い人〟なのだ。

もっとも〝老台北〟蔡焜燦氏も、半導体製造会社をはじめ、かつては10社以上の会社を経営した司馬氏のいう「えらすぎる人」なのである。司馬遼太郎氏ほどの人物をしてそういわしめるのだから私にとっては……。語れば際限なく行を割くことになるのでやはり〝老台北〟としておこう。

席に着いた面々は陳絅暉氏の所属する万国専利商標事務所の専利《せんり》代理・楊坤生氏を含めて４人だった。

〝老台北〟が口火を切った。

「司馬先生ご夫妻が台湾にお越しになったとき、美味しいものが食べたいといわれるので、用意したのがヘチマ」

最初、司馬遼太郎氏は食材へと変化を遂げたヘチマがなんだかわからなかったようだ。

「これ、じつはヘチマです」と〝老台北〟。

司馬氏と共に同席した人達は口々に化粧水、垢こすりと結び付けた。そこで蔡さんが「いえいえヘチマは薬にもなりますよ」とその効用を披露するや司馬遼太郎氏は箸《はし》を止めて立ち上がり、正岡子規《しき》の俳句を詠みはじめたという。

「痰一斗《たんいっと》……」と頭が出たところで〝老台北〟が唱和する。

「ヘチマの水も間に合わず」

こんな繊細な俳句を介して分かりあえる民族がほかにあるだろうか。

きっと蔡さんの目には、この丸テーブルのどこかに〝司馬遼太郎〟が見えるのだろう。蔡さんの表情はどこか寂しげだった。

日本人と台湾人、なんとも不思議な関係だ。

そこには政治が介入できるすきはなく、切っても切れぬ心のつながりがあるように思えてならない。

「井上さん、あなたはおいくつですかな?」

陳絢暉氏が尋ねた。

「はい、今年で35歳になります」

「ホホ〜、僕が大正15年ですから倍以上違いますな。お若いのに感心だ」

陳さんの口から「大正15年」という言葉が飛び出した。そこには寸分の時差もない。

　そして見事な日本語を話す陳さんは、『つつじ』という小冊子を取り出した。それは友愛グループの会報であった。

「春の陽明山、乱れ咲くツツジは見事なものである。そよ風に吹かれる花風情は、蘭の高貴、梅の凜々しさとは趣を異にする。はじけんばかりの若さが漲り、それでいて、しとやかに髪をなびかせて微笑む乙女のように見える。（中略）

　台北の街角でもよくツツジを見かける。喧騒《けんそう》をきわめる往来で、ふと足を止めて見やれば、あでやかに笑うツツジの花たち。この常緑灌木《じょうりょくかんぼく》のバイタリティと、明るさこそ台湾のイメージではなかろうか。当地にいつまでも、正しく美しい日本語が残ってほしいと願い、ここに本会報名を〝つつじ〟とする」と綴られている。

　この台湾で日本語を守りつづけている人々がいる。

「そんなことがあるのか」と驚かれる読者も多いことだろう。

　私も目を見開いたまま顔を上げ、陳さんを瞳に収めて問うた。

「こ、これはどういう……。な、なぜ日本語を?」

　陳さんはハハハッと愉快に笑い、「びっくりしましたか?」とまたハハハッと笑った。

　それにはかのノーベル賞作家・川端康成と深い関わりがあった。

生前、台湾びいきであった川端康成の遺品展を台北でやろうという企画が持ち上がり、川端康成の弟子・北条誠が川端夫人を伴って事前調整のため台湾にやってきた。このとき、台湾人通訳による日本語の誤訳がもとで地元新聞社との間に些細なトラブルが生じた。これをきっかけに北条氏と親交が深かった陳さんの弟の間で「正しく美しい日本語」を台湾に残そうではないかということになったという。酒の席での話だった。

こうして誕生した「美しい日本語を守る会」は、いまや「友愛グループ」として100人を超すまでに成長し、日台友好の心の懸け橋として活動しているという。

司馬遼太郎といい、川端康成といい、日本の大作家達が台湾の魅力にとりつかれていた事実は、ますます私をこの国に引きつけてゆくのであった。

六氏先生と芝山巌精神

「面白い話があります。戦前の台湾では日本人の先生から勉強を教わりました。日本人の先生と台湾人の生徒の間にはものすごく強い師弟関係があって、戦後も台湾からその生徒達が恩師を訪ねて日本に行ったり……そりゃ日本から恩師が来るとなればたいへんなことですよ。教え子が島中から集まって来るんです。いまでもですよ。ところが、戦後、大陸から来た中国人の先生と台湾人の生徒にはそんな関係は一切ありません。面白いでしょ」

師範学校卒の陳さんは、日本の教育が台湾の識字率を高めたばかりか、今日の台湾発展の基礎を築いたのだと熱く語ってくれた。

1895（明治28）年、日清戦争に勝利した日本は下関講和条約によって台湾を領有する。

台湾の帰属が決定するや、当時文部省学務部長心得であった伊沢修二は「教育」をあらゆる統治政策に優先させることを進言し、7人の優秀な人材を引き連れて渡台した。そして士林《しりん》の芝山巖《しざんがん》に学堂が開設されたのである。

ところがそのとき、近衛師団を率いてやってきた北白川宮能久親王《きたしらかわのみやよしひさ》が台南で病死し、伊沢修二は、7人の日本人教師の内の一人と共に親王の棺に付き添って帰国することになった。

そんな中の1896年元日、祝賀行事に参加するため出かけた6人の教師達が、土匪《どひ》達によって惨殺されてしまったのである。

「芝山巖事件」と呼ばれるこの事件の後、殉難した6人の教師の教育に対する姿勢が人々の胸を打ち、「六氏先生」として惜しみない尊敬を集めたのである。そしていまも芝山巌には「六氏先生之墓」が建ち、この地は台湾教育のメッカとして知られている。

しかし、台湾人にとっての恩師・六氏先生も、中国人にとってはただの旧敵国人としてしか映らない。台湾人校友会の人々の募金によって再建されたこの墓も心ない中国人によって傷つけられるという事件もあった。

陳さんはこのことに怒りを込め、沈痛な面持ちで語ってくれた。

陳さんは、六氏先生の命をかけた教育姿勢を「芝山巌精神」と呼び、広く台湾に普及することを願ってやまない。その父親もそして自身もこの芝山巌の学校で学んだ陳絢暉氏にとって、毎年日本で開かれる「士林会」に出席することが楽しみの一つだという。

こうした日本人教師達の教育に対する姿勢がもし現代まで受け継がれていたならば……そう考えさせられるほど現代日本の教育現場はその荒廃が取り沙汰されている。「師」となり人に教えを授ける側も、また「弟」となり請う側にももはや「熱」は見られない。

当日ここに参集した方々は、皆日本人の先輩として「教育勅語《ちょくご》」の廃止と戦後の偏向教育にその原因があると異口同音に嘆くのだった。

なんと台湾にはいまも教育勅語を掲げる学校がある。

詳しくは後述するが、台湾南部・高雄の東方工商専科学校では、同校を訪れる外国人に各国語に翻訳された教育勅語が謹呈されているというから驚きだ。

そればかりではない、台湾で販売部数ナンバー・ワンを誇る新聞社「自由時報」を訪ねたとき、呉《ご》阿《あ》明《みん》会長に〝秘蔵の品〟を見せてもらったこともある。なんとそれは文部省発行の児童用「尋常《じんじょう》小学修身《しゅうしん》書」であった。呉会長はこの「修身」の教科書を絶賛し、いまも大切に保存しているのだと語ってくれた。

ところが、悲しいかな日本では「教育勅語」も「修身」も戦後の偏向教育によって「軍国主義的」といわれのないレッテルを貼られ、教育の現場から追放されてしまった。その後、日本社会は道徳的荒廃の一途を辿っている事実は、皮肉としかいいようがない。

日本統治時代を懐かしむ声は尽きることがない。

一つのテーブルが笑顔に囲まれ、

芝山巖に建つ六氏先生を偲ぶ墓石

笑いが満ちる。

むろんそんな日本統治時代でも大なり小なりの差別はあった。しかし「良いものは良い」、蔡さんは他聞をはばからない。それに引き換え戦後の話となると、皆一様に表情はこわばり語調も穏やかではなくなる。

「大陸からやってきた連中は、物を買っても金を払わない。揚げ句は売ることを拒否した店主を殺してしまう。そんな連中だったんです」

陳さんは拳を振り上げる。

「彼らは夜になると自転車を盗みに来るんです。便利なものがあると思ったんでしょう。けど乗り方を知らない。だから担いで自転車を持って帰る。あれにはビックリしたね〜」

陳さんの話に一同がドッと沸いた。

「もっと痛快な話がありますよ。台湾へ来て初めて〝水道〟という便利なものがあると知ったシナ人が金物屋へ行って水道栓を一つ買って帰った。そして台所の壁に穴を開けてセメントでその蛇口をとりつけたんだ。セメントが固まるのを待って翌日に栓をひねったが水が出ない。そこで金物屋へ駆け込んで壊れた物を売ったと店主といがみ合った——。そんな連中が我々を統治するためにやって来たんですよ」

陳さんは何ともやり切れないといった表情でお茶をすすった。

「それならこんな話もあります。連中はランプと勘違いして裸電球に一生懸命タバコを押しつけて火をつけようとしたがつかない。電球を知らなかったんだよね」

蔡さんが再びテーブルを笑いに包み込んだ。

司馬遼太郎氏が指摘する「支配される側が支配する側より民度が高い」というのはこういったことなのだろう。

そしていまでも心に残る一言は、蔡さんの戦友・張国裕氏の「日本の方は、日本人らしく生きてほしい」という激励の言葉だった。

張さんの日本語は〝関西弁〟でリズム感がある。そんな張さんが残してくれたこの言葉には、「かつての日本人は立派だった」という戦前の日本人に対する敬意と同時にだらしない現代の日本人への叱咤《しった》激励の気持ちが込められていた。

ほんとうにありがたい言葉であった。

幻想と現実

司馬遼太郎氏は、「香煙《こうえん》で本堂の前がミルク色に霞《かす》み……」と龍山寺《りゅうざんじ》を描写する。清代18世紀に創建されたこの寺、どこか幻想的でノスタルジーを感じずにはいられない。

本堂の前の供物壇にはお供えの果物や花が色鮮やかに香り、長い線香を上下にさせながら祈る人々はあとを絶たない。本堂の周りは祈りの霞が漂い、黄泉《よみ》の国の景色がここにはある。

本堂の脇にはこの世への貢献を終え、旧友《とも》と語りあって余生を過ごす多年の功労者達。

私は台湾を訪れると必ずこのお寺を訪れる。古き良き時代の〝日本〟に会うために。

「昔僕らはね、祖国日本のために全力を尽くして戦ったんですよ。ああ、懐かしいな〜。知ってますか？『敷島《しきしま》の大和心《やまと》を人問わば、朝日に匂う山桜花《やまざくらばな》』。いまの人は知らんだろうな〜」

本居宣長《もとおりのりなが》のうたを披露してくれるお年寄り。

「日本は、あんな中国、韓国にペコペコしすぎるんだ！もっと堂々としなさい。大和民族が何をやっとるのか！」

そういい終えるや、「教育勅語」を暗唱してみせてくれた年配者。

この人々の顔に刻まれた年輪《しわ》は、数奇な運命をたどる台湾の歴史そのものに思えてならなかった。

龍山寺を参拝する蔡氏（真ん中）と司馬遼太郎氏（左）

ふと〝老台北〟蔡さんを想う。本来ならこの人々の輪に入っていてもおかしくない年齢なのだが、蔡さんは現在の祖国「台湾」とかつての祖国「日本」のために飛び回っている。その地位や名声の高さを奢らず、ひたすら「公」のために寝る暇を惜しんで頑張っているのだ。

私はくるりと本堂を向き直し両手を合わせた。

「この国の人々が幸せになれますように。そして蔡さんがいつまでも元気でありますように」

本堂の門を出るや、壁新聞が幻想的な空間から現実の世界へと私を引き戻した。「獨立台湾会」という5つの文字が私の目に飛び込んできたのである。

司馬遼太郎氏はこの寺を訪れ『台湾紀行』にこう記している。

《蔣介石がこの島に巨大な中華民国を持ちこんだが、いまは虚構になってしまっていることをたれも知っている。実体は台湾島でしかない。であるのに、清朝崩壊のときの大版図《はんと》を架空に持っている》

そして司馬氏はこのことをわかりやすく、そして簡潔に記している。

《台湾は、実質的には〝台湾共和国〟である》と。

「幻想」と「現実」を味わうことができる龍山寺、なんと〝中華民国〟らしい仏閣であろう。

高砂義勇隊

〝老台北〟蔡焜燦氏は、タクシーの助手席から時折り半身になって外の景色を解説してくれる。いつもながらそのサービス精神には頭が下がる。

私の隣で、蔡さんの語りにうなずく女性は、平成15年11月19日に他界された当時タイヤル族の「公主」周麗梅《しゆうれいばい》（日本名・愛子）さんだった。蔡さんは彼女を〝酋長《しゆうちよう》〟と呼ぶ。事実、周さんはタイヤル族の頂点に立つ人だった。

車窓を流れる景色がコンクリートのジャングルから緑一色に変わる頃、蔡さんは、

「井上さん、知ってますか。スニヨンのことは？」と私に問うた。

　蔡さんは私の言葉を待たずにその問いの答えを話し始めた。

「横井庄一、小野田寛郎《ひろお》さんの後に出てきた最後の日本軍人です。中村輝夫《てるお》といったかな。本名はスニヨン。高砂《たかさご》族なんです。周さん、確かアミ族だったよね？」

　周さんは身を乗り出し、「そうね、アミ族の方ね」と相槌《あいづち》をうった。

　横井・小野田両氏は有名だが、「中村輝夫」は初めて耳にする読者も多いことだろう。

　司馬遼太郎氏は、『台湾紀行』の中で「浦島太郎たち」という章を設けてこの元日本兵・中村輝夫（スニヨン）のことを綴っている。

　山中のホテルで佐藤愛子著『スニヨンの一生』を読んだ司馬遼太郎氏は、その主人公スニヨンに特別な感情を抱いたようで、《主人公のスニヨンは私より四歳上らしいが、兵役は同年兵だった。同年兵というのは陸軍があったころの慣用語で、未知のいとこに感ずるような親しみがある》と述べている。

　さてスニヨン・中村輝夫一等兵は、昭和18（1943）年に高砂義勇隊として陸軍に志願。入隊後はフィリピンに送られて各地を転戦し、遊撃戦で活躍した。そして終戦。しかし終戦の報は、当時モロタイ島の奥地にいた中村一等兵には届かなかった。

その後、昭和49年に発見されるまでの29年間、密林の中で最後の皇軍兵士として任務遂行に努めたのである。そしてその間、〝中村輝夫一等兵〟は、宮城遥拝《きゅうじようようはい》、体操を欠かさず、銃の手入れも怠らなかったという。

「高砂の人達はたいへん勇猛な戦士だったんです。何千人もが軍の募集に志願して、中には血判書を持ってやって来る者も多かったといいます。これには軍の方がびっくりしたぐらいですよ」と蔡さんが当時を振り返った。

蔡さんはつづけた。

「高砂の兵隊は、忠誠心が強かった。ジャングルの生活に慣れた彼らは食糧調達もやったんだよね。彼らは日本の兵隊に食べさせるために必死で食糧を探したんです。そしてこの食糧調達の途中で高砂の兵隊が餓死したことがありました。それも両手に食糧を抱えたままネ。高砂の兵隊はそれを食べれば死なずにすんだのに食べなかった。日本の戦友に食べさせるものだから自分は手を付けずに餓死を選んだんですよ。戦友愛。ハイ、それは立派でした」

〝高砂族〟とは、タイヤル族、アミ族など台湾先住民11部族の戦前の総称である。

司馬遼太郎氏は『台湾紀行』でその由来について触れている。

《台湾の日本時代、清朝の言い方を踏襲して熟蕃《じゅくばん》・生蕃《せいばん》とよんでいたが、やがて高砂

日の丸がはためく高砂義勇隊の慰霊碑（上）。移された高砂義勇隊紀念碑（左）

族とよぶようになった。古い日本語では、台湾のことを高砂国（ときに高山国）とよんでいたからである》

台北から南東へ30キロ、流れの速い南勢渓沿いの山間に「烏《ウ》来《ライ》」の村落はあった。

烏来とはタイヤル語で「温泉」を意味する。空気は澄み南勢渓の急流が響きわたる烏来は、文明の喧騒が支配する台北とは対照的だ。

そんな温泉旅館街からさらに数キロ上流に我々の目的地があった。

「さ、行きましょう。こちらです」

タイヤル族の〝酋長〟周さんの後に続く。

全長82メートルの白糸ノ滝（烏来瀑《ばく》

布《ふ》）が見る者を魅了し、その景観は郷愁を誘う。そして山肌に作られた石段を目にした私は、衝撃のあまり「あっ！」という声を発して茫然となった。「高砂挺身《ていしん》報国隊」「台湾総督・海軍大将長谷川清」と、墨入りの日章旗が等間隔で並んでいる。それぱかりか桜の花までもが咲き誇っているではないか！　幾旒《いくりゅう》もの日章旗が山颪《やまおろし》にはためき、時折り舞う桜の花びらが私を古《いにしえ》の時代へと誘った。私は、腰を抜かすほどの衝撃を覚え、茫然と立ちつくしてしまったのである。

〝元日本兵〟蔡さんは、この情景を無駄にはしなかった。

蔡さんは日の丸に挙手の礼を捧げ、『同期の桜』を口ずさむ。そんな光景は、私の涙腺を緩めるのには十分すぎた。

台湾を訪れる度に感涙が頰を伝う。蔡さんは、「また泣いた」と私をからかうのだが、涙が溢れてくるから仕方ない。台湾にはかつての素晴らしき〝日本〟が〝大和魂〟と共にいまも生きている。台湾とはそんな国である。

最高の助っ人、生命の恩人

「霊安故郷」

李登輝《りとうき》総統の手になる鎮魂の筆が高砂義勇隊紀念碑に大きく刻まれていた。

そして台座にはかの本間雅晴中将の遺詠《いえい》が刻まれている。

「かくありて許さるべきや　密林のかなたに消えし　戦友《とも》をおもへば」

そこには高砂義勇隊への熱い想いが込められていた。

今日、靖国神社には高砂族青年を含め2万7000余柱の台湾人英霊が祀《まつ》られている。そしてその英霊の中の一人が、レイテで戦死した海軍機関上等兵・日本名「岩里武則」氏である。何を隠そう岩里武則氏とは、李登輝氏の実兄なのだ。

もっともこの李登輝氏自身も元日本陸軍将校であり、こうした経験の共有が司馬遼太郎氏に満腔の親近感を覚えさせたのだろう。なるほど『台湾紀行』は、李登輝氏の日本兵時代の逸話に惜しみなくその紙幅を割いている。

背中に滝の音を聞きながら、紀念碑に向かって黙禱を捧げる。

ああ、この地に眠る英霊よ、安らかに眠りたまえ。

大東亜戦争における高砂義勇隊の活躍は、深い感謝の意を込めて現代に語り継がれている。

当時の高砂族総人口15万人中、実に6000人が志願して大東亜戦争に参加。そしてその約半数が散華した。大東亜戦争開戦劈頭《へきとう》のフィリピン・バターン攻略戦も、それに引きつづくコレヒドール攻略戦もこれら高砂義勇隊の働きがその勝利に大きく貢献し、日本軍将兵は皆一様に「彼らがいたからこそ」という深い感銘を受けたという。戦況悪化の一途を辿る昭和19年以降も、高砂族の戦士達は南方の激戦地で勇敢に戦い、そしてその武勇を馳せた。

連合軍と死闘が繰り広げられたニューギニア戦線・ブナの戦闘でも高砂義勇隊の活躍には目を見張るものがあり、この地で散華した陸軍大佐・山本重省は、高砂義勇隊の忠誠と勇気を称えた遺書を残したほどである。

ニューギニア戦線で第5回高砂義勇隊５００人と共に戦った第18軍参謀・堀江正夫陸軍少佐はこう回想する。

「高砂義勇隊の兵士らは、素直で純真、そして責任感がありました。ジャングルでは方向感覚に優れ、音を聞き分ける能力もあり、そしてなにより夜目《よめ》が利くんです。だから潜入攻撃なんかはずば抜けていましたよ。そのほか食糧調達にも抜群の才覚がありましたね。とにかく彼らの飢えに耐えながらのあの武勲を忘れることはできません」

このようにニューギニア戦線で戦った将兵の話には、高砂義勇隊に対する感謝の言葉が溢れている。ジャングルで生きる智恵を高砂の兵士に学び、食糧調達から戦闘行動まで、高砂義勇隊なしではなにもできなかったというのだからその活躍の程がうかがえる。

マラリアや飢えで体力がなくなった日本兵を支え、物資輸送を一手に引き受けた高砂義勇兵は、まさに最高の助っ人であり生命の恩人だった。「この部隊には高砂義勇隊がいる」というだけで安心感が湧き、日本兵はおおいに勇気付けられたという。

当時、世界最強といわれた日本軍人をして、そういわしめるのだから、高砂義勇隊の精強さがおわかりいただけよう。

「私は下の者だから……」

周さんは山の頂上付近を指差して、〝老台北〟になにやら説明している様子だった。

蔡さんは腰に手をやりフムフムとうなずいている。

「井上さん、実はね、今度ここに明石閣下の紀念碑を建てるそうです。この酋長さん、なかなかやるね〜」

蔡さんは満面の笑みを浮かべ、隣の周麗梅さんを斜め上方より指差した。

〝明石閣下〟とは、ドイツ皇帝ヴィルヘルム2世をして「明石一人で、大山巌《いわお》率いる20万の日本軍に匹敵する戦果が上げられた」といわしめた日露戦争における情報戦の功労者「明石元二郎《もとじろう》大佐」のことである。

明石大佐は大正7（1918）年に陸軍大将となり、第7代台湾総督として赴任、その善政と輝かしい功績はいまも惜しみない賛辞をもって台湾人に語り継がれている。

石段を駆け降りた私は、どこに明石元二郎の紀念碑が建つのだろうと仰ぎ見た。

「あの辺りです。あの辺りがちょうど良いと思っています。閣下は静かに台湾で眠りたいとおっしゃっていたから……この鳥来がちょうどいいと思うの」

周さんは高砂義勇隊紀念碑の上の方を指し示した。

そこで蔡さんが茶目っ気たっぷりに聞く。

「それで、あんたのお墓は？」

周さんはなんのためらいもなく答えた。

「私のお墓はこの下の方」

高砂義勇隊紀念碑の下の方を指差して周さんはつづけた。

「明石閣下の紀念碑は一番上、高砂義勇隊はここ、私は下の者だからこの下にこしらえます」

自らが土地を提供しながら、身分が上位の明石元二郎、高砂義勇隊より下に自分の墓を造るのだという。私はこの言葉にいたく感銘し、「大和民族を代表して、どうぞ閣下を宜しくお願いいたします！　高砂の方々の手で守ってください」とお願いした。すると周さんは「はい、分かりました」と微笑んだ。

明石元二郎に対する高砂族の人々の敬意は我々日本人以上だといっても過言ではない。なんとも恥ずかしい限りである。

烏来山地文化村（近年、中国で流行したSARSの影響を受けて観光客が激減したため、経営不振に陥って閉鎖され、高砂義勇隊紀念碑は、近くの烏来高砂義勇隊主題紀念園區に移設されている）の総経理をつとめる林英鳳氏がお茶が入ったことを告げにきてくれた。

例にもれず林さんの話す日本語も見事だったが、もはや驚きはしなかった。台湾人が日本語を完全に使いこなしているというよりむしろ、彼らはかつて同じ「日本人」であったという発想からすれば少しは気持ちも落ち着く。そう思えるまでに私の感覚は成長していたのである。

差し出された林さんの名刺には「林英鳳（武田）」と日本名が添えられていた。

かつて高砂族の各部族は、それぞれ独自の言葉を話していたため、部族間の交流は隔絶されていた。そんな高砂社会に画期的な「通信手段」が持ち込まれる。それが日本統治時代の「日本語」だった。その後、日本語が他部族との唯一の共通言語となり現在に至っている。我々日本人はそんな事実をあまりにも知らなすぎる。

司馬遼太郎氏も次のように指摘する。

《この地球上で、日本語が〝国際公用語〟(?)である唯一の例は、台湾山地人のあいだでしかない》

もっとも宜蘭《ぎらん》県の金洋村のように老人から子供たちまで、つまり村全体が日本語を日常語として使うタイヤル族の村まで実在するから驚きだ。

事務所に案内された我々は、お茶をすすりながらこの石碑の生い立ちに聞き入った。

そしてふと書棚に視線をやると、そこには『大東亜戦争は正当防衛であった!』、『国歌　君が代のルーツ』の背表紙が目に飛び込んできた。私には、かくのごときタイトルの本が、この地に暮らす人々の「魂《こころ》」の帰属先を示す道標にも思えたのである。

かつて文化村が観光客を集めていた頃は、若く美しいタイヤル族の娘たちが、華麗な民族の舞いを披露してくれた。

「彼女達はほんとうに綺麗ですね」

周さんに聞こえぬよう蔡さんにささやくと、私の右隣から「彼女達、きれいでしょ?」と周さんが私に耳打ちしてきた。全部聞こえていたらしい。すると蔡さんはこれを愉快そうに笑って、「彼女(周麗梅さん)は昔の美人!」と強烈なジョークを放った。

事実、周さんはかつて「ミス泰雅《タイヤル》」に選ばれたほど美貌《びぼう》の持ち主である。あとで見せてもらった当時のブロマイドにはカタカナとひらがなが混ざった日本語で「ミス泰雅、に当選ス」と印字されていた。

タイヤル族の乙女らは、その外見だけでなく心までもが美しい。

いまも人々の間で語り継がれている「愛国乙女サヨン」の物語を紹介しよう。

タイヤル族の少女サヨンは、宜蘭県の山奥の蕃社《ばんしゃ》（高砂先住民の村）に暮らしていた。当時この蕃社に日本人青年・田北正記《まさき》警手が駐在し、彼はその任務のほかに地元の青年達に日本語を教える「教師」も務めていた。

そんな田北のもとに海軍から応召の知らせがやってきた。昭和13年のことだった。

そして応召の日、田北警手は台風が吹き荒れる山道を下山しなければならなかったが、当時17歳だったサヨンは田北警手との別れを惜しみ、彼の荷物運搬を申し出た。結局、多くの志願者の中から6人が選ばれ、田北警手の荷物を背負って嵐のなかを下山するのだった。そして丸木橋を渡ろうとしたそのとき、鉄砲水がサヨンを襲ったのである。激流に呑みこまれたサヨンは、一行に「さようなら～」と手を振りながら流されていったという。

サヨンのこうした献身ぶりが人々の胸をうち、彼女は「愛国乙女」の冠称《かんしょう》を戴《いただ》くことになったのである。

「ほら、あの歌、『サヨンの鐘』を歌ってあげたら? あなた歌えるでしょ?」

蔡さんが催促すると、周麗梅さんは二つばかりの咳払いで喉を整えた。

嵐吹き巻く峰ふもと
流れ危うき丸木橋
渡るは誰ぞうるわし乙女
紅き唇　ああサヨン
晴れの戦《いくさ》に出でたもう
雄々し師の君懐かしや
担う荷物に歌さえ朗ら
雨は降る降る　ああサヨン

私は、いまも車中で精一杯歌ってくれたいまは亡き周麗梅さんの歌声を思い出す。

明石元二郎が遺した〝日本〟

話を明石総督に戻そう。

烏来の高砂義勇隊紀念碑を訪れ、台北へ戻った我々は、かつて日本人墓地のあった「第十四号十五号公園」に車を止めた。一見平凡な市民公園のように見えるこの場所は、かつて明石元二郎総督をはじめ多くの日本人が眠る墓地だった。

〝老台北〟蔡さんが、「あそこに黒い石が見えるでしょう。あの辺りに明石閣下のお墓があったんですよ。さ、行ってみましょう」と私の背中に軽く手を添えた。

そこには黒い石碑が建ち、明石総督のプロフィールが３カ国語で刻まれていた。

「博覧強記の人」蔡さんは当然この明石総督の歴史についても明るかった。

大正８（１９１９）年10月、明石総督は、内地への公務出張中に病気が再発し、郷里・福岡で療養するもその甲斐なく、同月26日に志し半ばで帰らぬ人となってしまう。享年55歳だった。しかし明石総督が、彼の右腕であった下村宏総務長官に託していた「自分の身に万一のことがあらば必ず台湾に埋葬してほしい」という生前の遺言にしたがって、わざわざ故郷・福岡からその亡骸が運ばれこの地に埋葬されたのである。

明石総督を尊敬してやまない人々からは、たちまち多額の寄付金が寄せられ、「軍人中、皇族方を除いては明石のような墓を持ったものはない」といわれるほどの立派な墓が造られた。

ところが戦後、国共内戦に敗れて台湾にやってきた国民党の兵士達が、あろうことか墓地にバラックを建てて住み始め、墓石を敷居にしたり、ベンチ代わりにしたりしたという。もちろん立派な明石総督の墓もその難を逃れることはできなかった。鳥居などはバラック家屋の柱となり、墓の近くには公衆便所までもが造られたのだった。

しかし1994年12月3日の台北市長選挙で民進党の陳水扁《ちんすいへん》氏（後の台湾総統）が当選するや、このバラックに住んでいた中国人達は退去させられ、台北市政府の手で明石総督の棺が掘りおこされたのである。このとき、明石総督の偉業を称える台湾人と、旧敵国の軍人を弔うなどもってのほかとこれに反対する中国人の間でいさかいもあった。

そして棺が掘りおこされ、遺骨の扱いについて検討がなされたが、明石総督の孫・明石元紹《もとつぐ》氏は、祖父をその遺志のとおり台湾の地に永眠させてやりたいと願った。このとき、周麗梅さんら先住民の人々は、「高砂族の英霊と私達の手でお守りしますからどうぞご安心下さい」と申し出たという。

これほどまで台湾人に尊敬される明石総督、いったいどんな統治を行っていたのだろうか。

明石総督は、大正８年１月に「台湾教育令」を発布し、台湾人の人的資源開発、つまり教育の普及に全力を尽くしている。これによって台北師範学校、台南師範学校等、実に多くの学校が開校されてゆき、その結実として、初等教育などは昭和18年までに90％を超える就学率を誇るまでになった。これが台湾の知的基盤となり、現在の磐石な経済力を作り上げていったのである。

このように日本の植民地経営は、欧米列強のそれとは根本的に違っていた。欧米列強の植民地経営は、愚民化政策の下に一方的な搾取《さくしゅ》を行うばかりで、現地民の民度向上など論外だった。当然、植民地での「教育」など考えの及ばぬところであったろう。

しかし日本の統治は違った。「同化政策」の下に、外地も内地と同じように教育機関が整備され、その民度を向上させるべく諸制度の改革などあらゆる努力が払われたのである。

明石総督の偉業としていまも台湾の人々に称えられているのは「教育」だけではない。

台湾電力株式会社を創設し、日月潭《にちげつたん》の水力電力事業に取り組んだことは明石総督時代最大の偉業としてあげられる。またこのほかに、司法制度の改革、縦貫道路（北端の基隆～南端の高雄まで）の着工、鉄道など交通機関の整備推進……数え上げれば枚挙に暇《いとま》がない。

そしてなにより、「余は死して護国の鬼となり、台民の鎮護たらざるべからず」と遺して台湾の土となった明石元二郎は、永遠に人々の心に生きつづけることだろう。

〝老台北〟蔡さんは語る。

「台湾を愛し、死んだら台湾に『埋めてくれ』と遺ってくれた明石閣下と、死んでも大陸へ帰してほしいといって死んだ蔣介石の違い――我々台湾人は忘れません。大きな違いでしょう。どちらも台湾を統治した最高権力者の言葉です」

そして紆余曲折の末、明石総督の墓は最終的に李登輝元総統の故郷でもある三芝郷《さんしごう》の福音墓地に移転され、いまもその御霊《みたま》は台湾と台湾人を護りつづけている。

靖国神社での再会

周麗梅さんは、惜しまれながら平成15年11月19日に亡くなった。

生前、周さんは、高砂義勇隊の活躍を報じた私に対して、平成12年11月24日に「名

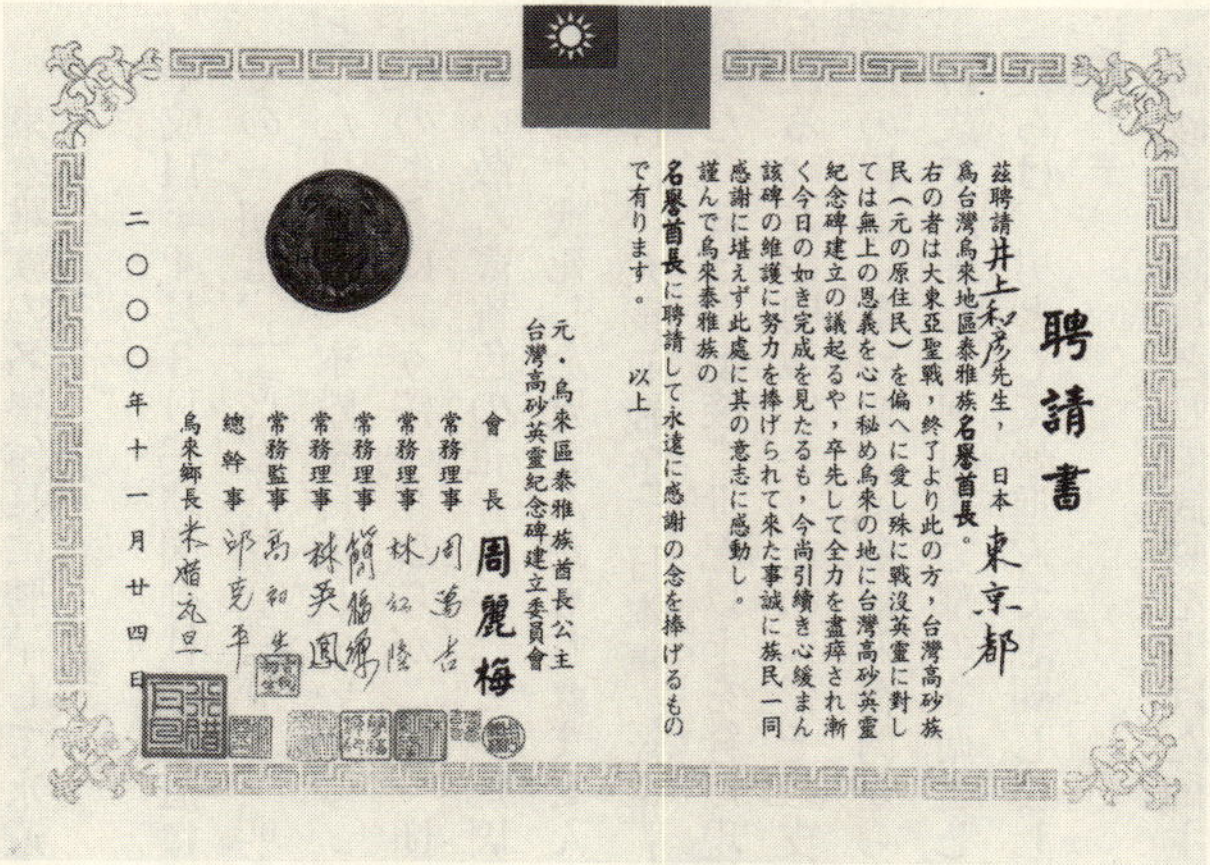

聘請書

茲聘請井上和彦先生，日本東京都
為台灣烏来地區泰雅族名譽酋長。
右の者は大東亞聖戰，終了より此の方，台灣高砂族民（元の原住民）を偏へに愛し殊に戰沒英靈に對しては無上の恩義を心に秘め烏来の地に台灣高砂英靈紀念碑建立の議起るや，卒先して全力を盡瘁され漸く今日の如き完成を見たるも，今尚引續き心緩まん該碑の維護に努力を捧げられて來た事誠に族民一同感謝に堪えず此處に其の意志に感動し。
謹んで烏来泰雅族の
名譽酋長に聘請して永遠に感謝の念を捧げるもので有ります。
以上

元・烏来區泰雅族酋長公主
台灣高砂英靈紀念碑建立委員會
會長 周麗梅
常務理事
常務理事
常務理事
常務理事
常務監事
總幹事
烏来郷長

二〇〇〇年十一月廿四日

周麗梅氏らから贈られたタイヤル族名誉酋長の聘請書

誉酋長」の称号を授けてくださった。

その「聘請書」、つまり任命書には日本語で次のように記されている。

茲聘請　井上和彦先生、日本東京都為台灣烏來地區泰雅族名譽酋長。

右の者は大東亞聖戦、終了より此の方、台灣高砂族民（元の原住民）を偏へに愛し殊に戰沒英靈に對しては無上の恩義を心に秘め烏來の地に台灣高砂英靈記念碑建立の議起るや、率先して全力を盡瘁され漸く今日の如き完成を見たるも、今尚引續き心緩まん該碑の維護に努力を捧げられて來た事誠に族民一同感謝に堪えず此處に其の意志に感動し、謹んで烏來泰雅族の名誉酋長に聘請して永遠に感謝の念を捧げるもので有ります。

平成14年4月3日、靖国神社の参道に、華やかな民族衣装を纏《まと》った一団があった。その一団は、「高砂挺身報国隊」と記された日章旗を掲げて隊列を組み、ゆっくりとした足取りで本殿を目指していた。

雪のように舞う桜の花びらがこの一団を歓迎する。

舞い散る薄桃色《うすももいろ》の花弁を手にとった周麗梅さんがつぶやいた。

「これは戦死した兄さんかもしれません……。兄さんに会えて本当に嬉しいです」

一行は、大東亜戦争で日本軍に従軍した元軍属や遺族ら33人のタイヤル族の人々だった。皆は、戦後半世紀以上を経た現在も日本に格別の感情を抱き、靖国神社に祀られる戦友や肉親に会うために、その支援組織となる「あけぼの会」の会長・門脇朝《とも》秀《ひで》氏の招きによって、はるばる台湾からやって来たのである。

17歳で志願し、海軍軍需部の守衛として従軍した荘進利氏は拳を振り上げていう。

「僕らは、男として皆進んで志願しました。そして日本が勝つために本当に頑張りました！」

高砂義勇隊員として武勲を上げた御主人を2年前に亡くした蔡専娥さんも当時を振

日章旗を掲げ、民族衣装で靖国神社を参拝したタイヤル族一行

り返ってこういう。

「男と生まれて戦争に行かないのは男ではないといって、主人は志願していったんですよ」

そのすべてが大東亜戦争への従軍を誇りに思う声だった。

ところが残念なことに、私は、遊就《ゆうしゅう》館における感動の一幕を見逃してしまったのである。

その場に立ち会った人の話によれば、彼らは靖国神社の遊就館を見学している最中、展示されている唯一の連隊旗（旭日旗）を目にするや、全員が直立不動の姿勢をとって厳《おごそ》かに『海ゆかば』を斉唱したのだという。

この日、周さんは私の両手をしっかり

と握ってこういった。

「兄さんが、兄さんが会わせてくれたね……」

そして満開の桜を見上げてこうつぶやいた。

「兄さん、会いに来たよ……。ご苦労さまでした……ありがとう！」

周さんの目尻に光る涙は私の涙腺をも緩《ゆる》めた。日本のために尊い命を懸けて戦ってくれた高砂義勇隊の人々に対する感謝の気持ちで私の胸は張り裂けそうだった。

さらに私を驚かせたのは、この一団の中に私の大学時代の同級生（留学生）を発見したことである。

彼の名は邱克平氏。

私が彼になぜこの人々と一緒に居るのかと尋ねたところ、なんと彼は周麗梅さんの息子だった。私は、この恐ろしいまでの偶然に身震いし、それが靖国神社の御英霊の導きによるものであることを確信した。

桜の枝が満開となる今年の春もまた、いまは亡き周麗梅さんの魂は兄さんに会うために靖国神社にやって来られることだろう。

「私が死んだら靖国神社に入れますか？」

「夢ではないですね。ああ……生きててよかった！　ホント夢じゃないですね？」

電話の向こうで年老いた声が震えていた。

声の主は、かつて二・二八紀念式典で出会った陳春栄氏（日本名・古田栄一）だった。

陳さんは、日本人警察官の父とアミ族の母の間に生まれ、母の実家へ里子に出された生い立ちをもつ。陳さんは台湾東部の町・花蓮《かれん》からさらに南の豊浜という小さな村落にアミ族出身の奥さんと暮らしていた。

台北駅から花蓮まで列車でおよそ3時間半、美しい景観の東海岸沿いを南に下る。切り立った山が海に迫る風景は、平野が広がる台湾西部とは対照的だった。

翌朝、陳春栄氏は1年前と同じ海軍正装に身を包み、奥さんの呉秋蘭《ごしゅうらん》さんと老紳士・盧阿信《ろあしん》氏を伴って私が宿泊するホテルまでやって来た。

「井上さん！」

そういい終えぬうちに陳さんは周囲の目をはばかることなく私を抱擁し、「あ、ありがとう。ほんとうにありがとう！」と何度も礼をいうのだった。

そんな熱い歓迎を受けた後、ホテルのレストランに落ち着くや、陳さんの半世紀以上前の想い出話が飛び出した。

「海軍時代、水兵服で実家に帰ると、どうしたことか、道の両脇に女学生が列を作って拍手で迎えてくれたんです。楽しかったな～」

表情がパッと明るくなり、当時に想いを馳せる陳さん。

「それでね、皆が私に抱きついたり水兵帽を奪ったり……。そりゃ～もう、大モテだったよ」

想い出は尽きることがない。

当時、出征兵士を送り出した家の玄関には「勇士の家」という札がかけられ、通りすがりの人々が、最敬礼をもって敬意を表したという。高等科85人中、海軍兵科に合格したのは陳さんただ一人であったことも村人の尊敬を集めた理由の一つだった。

ところがそんな陳さんの輝かしい青春時代も戦後台湾にやってきた「独裁者」によって暗黒の時代へと急変する。

「私は30年間も山の中を逃げ回ったんです。奴らに捕まったら最後、処刑される」

陳さんの表情は途端に険しくなった。

中国国民党の独裁時代、多くの台湾人が無実の罪で捕らえられ、そして筆舌に尽くしがたい残酷な方法で処刑されていったのである。

「シナ人は、無実の人達を麻袋に入れ8番線（針金）で縛って海に捨てるんだ！　生きたままですよ！」

陳さんは語気を荒げた。

大陸からやって来た中国人は、爪の間に針や爪楊枝《つまようじ》を差し込み、またあるときは複数の人の手のひらに8番線を通して海に突き落としたりと、想像を絶する方法で無辜《むこ》の市民を次々と殺害していったのである。これが戦後の台湾に吹き荒れた国民党独裁政権による白色テロの実態なのだ。

そんな陳さん自身も白色テロの受難者だった。ありもしない罪状で逮捕された後、銃床で腕と足を強打され、いまも足は不自由のままだと語ってくれた。

そしてしばらくすると、陳さんは「私はいつもこれを聴いているんですよ」とカセット・テープをとり出した。それは『軍艦マーチ』の音楽テープだった。

テープレコーダーが奏でる『軍艦マーチ』は陳さんを再び海の決戦場へと誘った。

「なあ～に、回天が10隻もあれば、アメリカの空母もやって見せますよ。ド真ん中に4隻、前部に3隻、後部に3隻が突入する。そしたらあんた、一発だよ！」

かつて人間魚雷「回天」の特攻隊員として訓練を受けた陳さんの心身には、いまも不屈の大和魂が漲っていた。

そして栄光の海軍時代を激しく語った陳さんは、突如思いつめたような表情に豹変《ひょうへん》し、ゆっくりとそして静かに言葉を並べていった。

「私ね、ただひとつだけ。靖国神社に入ることができなかったこと、それが残念でなりません。いまからでも、私が死んだら靖国神社に入れますか？」

奥さんが陳さんの膝に優しく手を添えた。

「井上さん、いまからでも……。いや私が死んだら靖国神社に入れますか？」

真剣な眼差しで私に問いかける陳さん。

「日本に帰りましたら、そのあたりを調べてお報せいたします」

むろん戦死した人でなければ靖国神社に合祀《ごうし》してもらえないことはわかっていたが、それをこの場で告げることはできなかったのである。

陳さんの表情は再び笑顔に戻った。そして隣に座る物静かな奥さんもそんな笑顔につられて笑みをこぼした。夫婦の寄り添い方も日本人の仕草そのものだった。


「私は大和魂を持っていた」

陳さん夫婦に連れだってやってきた老紳士・盧阿信《ろあしん》氏は呉秋蘭《ごしゆうらん》さんの実兄だった。日本名を〝武山吉治〟といい、日本陸軍に志願入隊してジャカルタ、スラバヤ、フィリピンの各戦線で戦い抜いた大東亜戦争の英雄であった。

アミ族出身の盧さんは、当時の日本人よりも上背があり、戦地でもその大柄な体はひときわ目立つ存在だったという。

盧さんは、ボルネオの前線で敵ゲリラと壮絶な白兵戦を演じている。

「あのとき、相手の刀を素手で摑《つか》んで離さなかった。刃を直角に持てば切れないからね。すると敵は、馬乗りになった私が背負っていた日本刀を片方の手で抜こうとした。しかし、日本刀は長いからなかなか抜けない。あと5寸のところで抜けなかった。そして素手で摑んでいた相手の刀を奪い取ってやっつけたんですよ」

脳裏に当時のシーンが蘇《よみがえ》ってきたのだろう、盧さんの身振り手振りも次第に大きくなった。

サンガサンガから南に下ったドンダンでは、突然出くわした敵兵に「誰だ！」という大声を浴びせ、その声に怯《ひる》んだ敵兵を捕虜にするという手柄も立てた。

盧さんの話は、日本社会に蔓延《はびこ》る戦場の〝センチメンタリズム〟など微塵《みじん》も感じさせない。誉《ほま》れの戦に臨んだ男子の堂々とした〝武勇伝〟だけが延々とつづくのだった。

盧阿信氏はいう。

「私たちは、日本軍と共にあの戦争を一生懸命戦い抜きました。残念ながら戦争には負けましたが、私たちはいまでも〝大和魂〟を持っているんですよ！」

日台の固い絆と友情の記憶〝高砂義勇隊〟、我々はその存在を遠い過去として忘れ去ってはならない。

〝世界最強の戦士〟、それはいまから70年ほど前、大和魂をもって南方の島々で勇敢に戦った台湾先住民の兵士に冠せられる称号である。

司馬遼太郎氏は、非科学的な空想としながらも、〝高砂族〟の人々の美質は、黒潮が洗う鹿児島県や高知県の明治時代までの美質に似ていると推測している。

《この黒潮の気質というべきものは、男は男らしく、戦いに臨んでは剽悍《ひょうかん》で、生死に淡泊である、ということである》というくだりは、陳春栄氏や盧阿信氏の言葉をより鮮明にしてくれる記述といえよう。

花蓮《かれん》から萬栄《まんえい》までローカル・バスに揺られ、そこからこんどはタクシーでいくつもの山を越えてゆく。陳さん夫妻が暮らす豊浜という小さな村までは、花蓮からおよそ2時間を要した。

陳さんの家は太平洋を望む見晴らしのよい場所に建っていた。通されるまま階段を上って部屋に入ろうとしたそのとき、目に飛び込んできた光景に私は仰天した。太平洋を背に大きな軍艦旗が立ち、柱には海軍士官姿の陳さんの肖像画が掛かっていたのだ。

陳さんは、「私の精神なんだ」と、いとおしそうに軍艦旗をなでながらいう。

「井上さん、私は本当に靖国神社に入りたかった……」

陳さんの目に涙が溢れていた。

あとに続くことを信じて散っていった戦友との約束を果たせず、自分だけが生き延びたことを悔やむ陳さんの姿に私は胸をうたれた。

陳さんは太平洋を見つめていった。

「この太平洋には私の戦友が眠っとるんです。私が死んだら遺灰を海に撒《ま》いて欲しい。私は〝海〟の男だからね。けれど魂だけは、靖国神社に……」

声を詰まらせた陳さんは、もはやそれ以上を言葉にできず、こみ上げる涙をただ少年のように腕で拭うのだった。

「陳さん、私が大事にしていたものですが、これをどうぞお受け取り下さい」

私は、胸ポケットから「神風」の鉢巻を差し出した。

「ああ！　こんなものを……い、いいんですか？」

恐縮して鉢巻をおし頂く陳さん。

私は、「その鉢巻も陳さんにもらっていただいた方が嬉しいはずです」と添えた。

慣れた手つきで神風の鉢巻をサッと頭に巻いた陳さんは、「よし、まだまだこれからだ！」と自らに檄《げき》をとばすようにつぶやき、拳を握りしめた。

陳さんは泣いていた……。


その夜、晩餐会が催され、大勢の笑いが一つのテーブルを取り囲んだ。はるか台湾の辺境で、アミ族の人々の温かいもてなしを受けた私は、グラスに注がれる酒をグイグイと空けていった。

しばらくすると隣のテーブルに居合わせた曾《そ》進来《しんき》氏（日本名・村本四郎）が流暢な日本語で、「ま、1杯いかがですか。私はこれしか飲《や》らないんだ」と、私のグラスになみなみと酒を注いでくれた。

口に含むと〝懐かしい味〟が……？

「こ、これ日本酒だ！」

目を丸くした私の顔を見て一同が笑う。なんとアミ族の人々はいまも好んで日本酒を飲むのだそうだ。事実、店の棚にも清酒が並ぶ。日本では見たこともない「江戸」なる清酒も一升瓶で売られているから面白い。

繰り返される乾杯の回数とともに曾さんの舌が回りはじめた。

「私は、あのとき日本人だったんだよ。大和魂を持ってたんだ。予科練に行くことを考えたんだ！」

当時小学校5年生だった少年の心に燃えた大和魂を語ってくれた。

今日でも大東亜戦争に参加したアミ族の人は、《私たちは、日本のために一所懸命戦いました。今でも何かと集まっては、愛国行進曲（中略）などを歌って日本を懐かしんでいます。私たちは日本が好きで、大和魂は今も燃えています。どうか高砂を忘れないでください》といい、訪れた日本人は驚き感激するという（許国雄監修、名越二荒之助・草開省三編『台湾と日本・交流秘話』展転社）。

台湾東部や山間部では、日本人が仰天する出来事が目から耳から容赦なく襲いかかってくるのだ。しかし戦後、歪《いびつ》な価値観に蝕《むしば》まれつづけた日本人にとって、そんな台湾の人々の純粋な心を素直に受け止めることは難しい。ましてや我々の先人が遺した歴史の輝かしい側面など近づけようともしない。これでは、台湾はおろか世界のことなど理解できるわけがない。

我が師と仰ぐ金美齢女史は、テレビ番組で、またあるときは講演で、「歴史には光と影がある」と説く。まさしくこの視点こそが現代の日本人に求められる素養であると信じてやまない。

戦前風の日本人との邂逅《かいこう》

「井上さん？　台北にお着きですか」

電話の主は「友愛グループ」会長の陳絢暉さんだった。

「明日、時間がありますか？　この人、戦時中にたいへん貴重な経験をした人がいるので取材してみませんか？　実は、海軍の特攻隊にゆかりがあるようですよ」

私の答えは陳さんの電話を受けたときから決まっていた。

翌日、待ち合わせの喫茶店に行ってみると、そこには陳絢暉氏をはじめ林漢道氏、王得和氏がテーブルを囲んでいた。

「この方が、林さんで、高雄の海兵団に志願した例の方です」

陳さんが林漢道氏を紹介してくれた。昭和19年4月、林さんは、海軍志願兵2期生として数カ月の訓練を受けた後、高雄の海兵団に入団する。その後、横須賀の海軍工作学校に入校するため7隻の輸送船に分乗して台湾をあとにしたという。

林さんは、横須賀の海軍工作学校を8カ月で繰上げ卒業し、もっぱら潜水服を製作していたと語ってくれた。

「予科練のために潜水服を作っていたんです。僕は潜水服の兜《かぶと》（頭部）を作りました」

私はそのつながりを訊いた。

「予科練。それで潜水服ですか？」

するとと林さんは手刀でゆっくりとテーブルを切りながらいった。

「とにかく、予科練には飛行機がない。だから機雷を抱いて敵の軍艦を海中で待ち伏せる。そのための潜水服を作ったんです」

帰国後、靖国神社の遊就館で林さんの〝証言〟が展示されているのを発見した。「伏龍」という特攻兵器だった。長い棒の先に爆雷を取り付け、海底で敵の軍艦を待ち伏せる、要するに「人間機雷」である。林さんの話によると、この兵器は訓練中に死亡事故が絶えず、結局使用されることがなかったそうである。

そして日本で終戦を迎え、台湾へ帰った林さんを待ち受けていたのは二・二八事件だった。このとき、林さんは武器もとらず素手で中国兵と戦ったという。そして「日本精神」で戦ったのだと林さんは胸を張った。

これまで私が取材してきた台湾の人々は異口同音に、「立派な日本人になろうと一生懸命がんばったんだ！」と過去を振り返る。そして「日本は、いつになったら台湾の存続について関心を寄せてくれるのか！」「中共が攻めてきたら日本は助けてくれるのか！」と日本に期待し、さらに「日本と台湾は兄弟の国なんだ」といってはばからない人々がいまも台湾に暮らしていることを忘れてはならない。

彼らは皆、日本は「大陸」なんかに土下座ばかりしないで、むしろかつて同じ国民として生きた台湾人に、どうか「ご苦労様でした」と労いの言葉だけでもかけて欲しいと願っている。毎度「謝罪」を強要し、揚げ句は当然のように金をせしめる〃大国〃と、「せめて労《ねぎら》いの言葉だけでも」と望む〃かつての同胞〃。なんともやりきれない気持ちにさせられるのは、決して私一人ではないだろう。

別れ際に林さんは私の手を固く握りしめ、目に涙を浮かべながら「僕は死ぬまでに、台湾の独立をこの目で見たいんです」といい残して台北の喧騒の中に消えていった。あの手の温もり、私の手のひらは生涯忘れることはないだろう。

司馬遼太郎氏はいう。

《日本にはもう居ないかもしれない戦前風の日本人に邂逅《かいこう》し、しかも再び会えないかもしれないという思いが、胸に満ちた。このさびしさの始末に、しばらくこまった》

と——。

八田與一の功績

北回帰線を越える頃、車窓に流れる景色がもうこの辺りは熱帯であることを告げていた。台北から列車で下ること約4時間、私は台湾の古都・台南のプラットホームに降り立った。

「台北が〝東京〟なら、高雄は〝大阪〟。台南は〝京都〟といったところです」

〝老台北〟蔡焜燦氏のたとえはいつもわかりやすい。

台湾は大航海時代に拓かれた。

徳川幕府が平戸にオランダ商館を開いた17世紀初頭、その中継地を模索したオランダが大陸の「明」と交渉を重ねて台湾を領有する。台湾の世界史へのデビューだった。時に1624年、台湾に上陸の第一歩を標したオランダは、台南を拠点にさっそく堅固な要塞構築にとりかかった。ゼーランジャ城（安平古堡）、プロビデンシア城（赤嵌楼）が築かれ、オランダの台湾開墾は着々と進んでいった。

しかしオランダの統治はそう長くは続かなかった。風雲児・鄭成功《ていせいこう》の登場である。

当時、大陸では満州地方に勃興《ぼっこう》した「清」が、漢人の「明」にとって代わりつつあった。〝滅清復明〟を誓う鄭成功の軍勢は「清」との戦いに明け暮れたが、勢いにのる清軍の猛攻に押され、鄭成功はその手勢を率いて台湾への一時退避を余儀なくされた。そうなると台湾に拠を構えるオランダ軍との衝突は避けられない。そして激しい戦闘の末、ついにオランダは鄭成功に白旗を揚げ、38年に及ぶオランダの台湾支配は終焉したのである。1661年、鄭成功による台湾統治が始まった。それはまた、日本と台湾の思いがけない出会いでもあった。

鄭成功の父は「明」の福建海防遊撃、つまり海軍司令であり、母は平戸の田川氏の娘で、鄭成功には日本人の血が通っていたのだ。余談だが、近松門左衛門の『国姓爺《こくせんや》合戦』の国姓爺とはこの鄭成功のことである。

古都・台南にはオランダ統治時代の遺跡がいまも残されており、街を散策して台湾創世期に思いを馳せてみるのもまた楽しい。

店先に盛られた南国の果実が台南をどの町よりも華やかに見せる。南国の太陽と豊かな大地に恵まれた台南は、まさしく台湾の食糧庫なのだ。

「これも日本人のおかげ」

蔡さんが短く切り出した。

そもそも台南の位置する嘉南《かなん》平野一帯はかつて一面不毛の大地だった。しかし日本統治時代に東洋一の烏山頭《うざんとう》ダムが造られ、嘉南平野は台湾最大の穀倉地帯へと変貌していったのである。

この烏山頭ダムを設計し、完成させたのが日本人技師・八田與一《はったよいち》だった。洪水と旱魃《かんばつ》を繰り返す嘉南平野の惨状を目の当たりにした八田は、大規模なダムの建設と平野には網の目のように水路を張り巡らせるという壮大なプロジェクトを立ち上げた。

八田與一がつくった烏山頭ダム

昭和5（1930）年、ついに巨大な烏山頭ダムが完成し、1万6000キロ（万里の長城の約6倍）にもおよぶ水路が大地を潤すようになったのである。この「嘉南大圳《かなんたいしゅう》」は10年の歳月をかけた八田與一の執念でもあった。

そして現在、烏山頭ダムのほとりには物思いに耽《ふけ》る八田與一の銅像が建つ。

「八田さん、何をお考えですか？」

両腕を大きく広げ、銅像に話しかける〝老台北〟。

「もし台湾が日本に統治されていなかったら、こんなダムはなかったでしょうね。台湾は発展しなかった。たぶん海南島のような貧しい島になっていたでしょう」

蔡さんはそういい終えると帽子を脱いで静かに手を合わせた。そして銅像の後ろに建つ八田夫妻の墓石を持参したミネラルウォーターで清めながら夫妻の最期を話してくれた。

昭和17年、八田與一はフィリピンの綿作灌漑《かんがい》調査に向かう途中、その乗船する船がアメリカの潜水艦に攻撃されて殉職する。そして終戦。日本の降伏文書調印前日の昭和20年9月1日未明、夫人は夫・與一が精魂込めて造り上げたダムの放水路に身を投じた。

毎年5月8日、八田與一の命日には嘉南農田水利会の人々によっていまもこの墓前で慰霊祭がとり行われている。

そして平成25年9月1日、八田與一の偉業を讃えて作られた八田記念公園（台南市）で、夫の後を追って投身自殺した外代樹夫人の銅像の除幕式が行われた。日本統治時代が終わっておよそ70年、台湾の人々はいまも日本人への感謝の気持ちを抱きつづけてくれている。

平成14年11月15日、慶応大学の三田祭における李登輝元総統の講演（11月24日予

烏山頭ダムのほとりに建てられた八田與一像と夫妻の墓石

定）が政治的圧力によって中止に追いやられるという事件があった。学生サークルの招請に応じた李登輝氏の講演が、中国との学術交流に支障をきたすというあまりにも馬鹿げた理由からだったという。

この幻の講演『日本人の精神』は、八田與一の功績を題材にしたものであった。

後に『産経新聞』（11月19日付）で全文が公表された講演内容をみると、李登輝氏は、日本精神は絶対不可欠な精神的指針とした上で次のように述べている。

《私は八田與一によって表現される日本精神を述べなければなりません。何が日本精神であるか。八田氏の持つ多面的な一生の事績を要約することによって明瞭になります。

第一のものは、日本を数千年の長きにわたって根幹からしっかりと支えてきたのは、そのような気高い形而上的価値観や道徳観だったのではないでしょうか。国家百年の大計に基づいて清貧《せいひん》に甘んじながら未来を背負って立つべき世代に対して、「人間いかに生きるべきか」という哲学や理念を八田氏は教えてくれたと思います。「公に奉ずる」精神こそが日本および日本人本来の精神的価値観《けいじ》である、といわなければなりません。

第二は伝統と進歩という一見相反するかのように見える二つの概念を如何《いか》にアウフヘーベン（止揚）すべきかを考えてみます。現在の若者はあまりにも物資的な面に傾いているため、皮相《ひそう》的進歩にばかり目を奪われてしまい、その大前提となる精神的な伝統や文化の重みが見えなくなってしまうのです。

前述した八田氏の嘉南大圳《かなんたいしゅう》工事の進展過程では、絶えず伝統的なものと進歩を適当に調整しつつ工事を進めています。三年輪作灌漑《かんがい》を施工した例でも述べたように、新しい方法が取られても、農民を思いやる心の中には伝統的な価値観、「公議」すなわち「ソーシャル・ジャスティス」には些《いささ》かも変わるところがありません。まさに永遠の真理であり、絶対的に消え去るようなことはないものです。日本精神という本質に、この公議があればこそ国民的支柱になれるのです。

第三は、八田氏夫妻が今でも台湾の人々によって尊敬され、大事にされる理由に、義を重んじ、まことを持って率先垂範《そっせんすいはん》、実践躬行《じっせんきゅうこう》する日本的精神が脈々と存在しているからです。日本精神の良さは口先だけじゃなくて実際に行う、真心をもって行うというところにこそあるのだ、ということを忘れてはなりません。

いまや、人類社会は好むと好まざるとにかかわらず、「グローバライゼーション」の時代に突入しており、こんな大状況のなかで、ますます「私はなにものであるか?」というアイデンティティーが重要なファクターになってきます。この意味において日本精神という道徳体系はますます絶対不可欠な土台になってくると思うのです。

そしてこのように歩いてきた皆さんの偉大な先輩、八田與一氏のような方々をもう一度思いだし、勉強し、学び、われわれの生活の中に取り入れましょう》

李登輝氏のこの講演こそ、現代の日本人がもっとも耳を傾けなければならない内容だったはずではなかったか。

日本は〝元日本人〟のものでもある

「いや〜、これはこれは、ようこそおいでになりました」

姿勢のよい老紳士が右手を差し出した。

かの『台湾人元志願兵と大東亜戦争』（展転社）の著者・鄭春河《ていしゅんが》氏（２００５年逝去）だった。そのサブタイトル「いとほしき日本へ」は、日本人の胸を射抜く響きがあり、厚い表紙を開けばその心の叫びがひしと伝わってくる。

《戦に負けたからにはいかなる応報があらうとも、祖国と運命を共に、最後まで日本人でありたかつた》

昭和17（１９４２）年、陸軍特別志願兵制度が実施されるや、鄭春河氏は血書嘆願でこれに応募した。

ちなみに戦争中、台湾全土の志願者とその倍率は凄まじい数値を記録していることも紹介しておきたい。昭和17年、陸軍特別志願兵制度が施行されるや、最終採用者１０２０名に対し、高砂族の青年を含む40万人もの台湾人志願者が応募した。したがって競争率は約４００倍である。続く昭和18年、その競争率は６００倍に達し、応募者の中には血書嘆願する者も多く、募集する側を驚かせたのだった。

あこがれの日本陸軍兵士となった鄭さんは、インドネシアのチモール戦線で勇敢に戦った。が、その甲斐なく当地で無念の終戦を迎えた。そして運命の昭和21年、その意に反し、異国民となって台湾に送還されたのである。

大東亜戦争の正義について熱弁を振るい、口角泡を飛ばして東京裁判の不当性を訴える鄭春河氏。そして最後まで日本人でありたかったと語ってくれた鄭さんは、日本人以上の日本人として私の目に映った。

その著書には当時の心境が綴られている。

《旧宗主国日本は何故《なぜ》台湾を放棄して将来の生路《せいろ》を考慮してくれなかったのか。対日平和条約発効の際、法務省民事局長の一通達で台湾人の日本籍を認めないことにした。（中略）悲しい哉《かな》、我々は自らの手で自らの運命を決定することができなかったのだ》

鄭さんは語る。

血書嘆願で日本軍に入隊した鄭春河氏

「そりゃあのときはつらかった。自分で選んだんじゃないですよ。５等国の連中がやって来て、強制的にそんな国の国民にさせられたんだ」

冗談じゃないといった表情で腕を大きく左右に振った。

かつて司馬遼太郎氏もここ台湾で私と同じような体験をしている。

「日本はなぜ台湾をお捨てになった

のですか」と年配の女性に幾度も訊かれ答えに窮したと『台湾紀行』に書き記している。

鄭春河氏は、名著『嗚呼大東亜戦争』をはじめ、これまで数多くの小冊子を発行し、有志の人々に送りつづけてきた。そしてこれをかつての祖国日本への奉公・恩返しであるといってはばからない。

そんな小冊子の多くはいまも靖国神社の遊就館で求めることができる。しかし、信念を貫く鄭氏は、この印税をすべて靖国神社に奉納しているというからあらためて頭が下がる。そして迎えた平成8年、鄭春河氏の尊い信念とこうした活動に対し、靖国神社より感謝状が援与されたのである。

もとより鄭さんは神社とゆかりが深い。昭和14年には神職として台南・北門神社に奉任しており、日本の平戸市から十数名の参拝者を迎えた平成9年4月29日の鄭成功復台記念日には代行神主として祭儀を奉任してもいる。

鄭春河氏は台湾でただ一人の神主だったのだ。

鄭さんは執筆活動の傍ら戦後史研究にも熱心だった。そうした中でどうしても納得いかないのが〝南京虐殺〟なる架空の事件を日本政府が認めたことだと嘆く。

「南京虐殺なんて大嘘だ。あらゆる検証からして、そんなことは絶対ありえない！」

と鄭さんは断言する。さらに、「あんなものは中国５００年の伝統の〝嘘〟だ！」と一喝した。

そして変わり果てたかつての祖国・日本を憂いては、著書『台湾人元志願兵と大東亜戦争』にその思いを込める。

《私は生を日本に享けて僅《わず》か二十六年間《ま》の日本人なれど、あくまで祖国日本を愛します。特に自虐的罪悪感をもつ同胞に先づその反省を促したい。願はくは一時も早く目覚めて大義名分を明らかにし、民族の誇りにかけて速やかに戦前の日本人――真の日本国民に戻つて下さい。そして、民族の発展と世界永遠の平和確立に貢献して下さい》

鄭春河氏は、「現代のだらしない日本人にいいたい」と前置きし、こういい放った。

「日本は現代の日本人だけのものじゃない。日本は〝元日本人〟のものでもあるんだ！」

蔡焜燦氏や鄭春河氏をはじめ、多くの台湾人年配者が口にするその言葉の重み――この言葉の意味を我々日本人一人ひとりがしっかりと受けとめる必要があろう。

そして鄭さんは二つの祖国を愛し続ける。

《「義は台湾人、情は日本人」で今日まで生かされたのを限りなく感謝してゐる。二つの祖国に対しては「倒れてなほ止まぬ」天の涯から地の底からでも常に祖国の弥栄《いやさか》

をお祈りしてゐる》（同前）

気高くそして信義溢れる〝元日本人〟鄭春河氏に現代の日本人が学ぶべきはあまりにも多い。

台湾で歌われる『君が代』

〝老台北〟蔡焜燦氏は時折り重宝な日本語を使う。

「あそこでなにしてから……」という具合に、「なに」という関係代名詞を上手にとり入れて話す。非常に便利がよい。私が慕った祖父もよく「なにして……」と使っていたことを思い出し、〝老台北〟をより一層近しい身内のように感じてしまう。

常に冗談を織りまぜながら会話を楽しむ蔡さんはまさに〝言語マジシャン〟のようだ。

「和彦さん、台南には『君が代』を歌うお寺があります」

いつもの冗談だろうと、口元に笑みを浮かべて蔡さんの反応を待った。

「それとね、あのお寺では『海ゆかば』も歌います。堂守は呉省事さん。台湾人です。台湾は面白いところでしょ」

どうやらジョークではないらしい。

「さ、そのお寺に行ってみましょう」

昭和19（1944）年10月12日午前7時19分、台湾に寄せ来る米艦載機を迎え撃つべく我が海鷲《うみわし》達が大地を蹴った。敵機およそ40機、我が方30機の精鋭が台南上空で激烈な空中戦に突入した。

このとき、1機の零戦が敵機めがけて突進し、壮烈な体当たり攻撃を敢行したのである。その体当たり攻撃をかけたのが杉浦茂峰海軍兵曹長だった。なんとその杉浦兵曹長が「飛虎《ひこ》将軍」として祀られているという。

正式名称「鎮安《ちんあん》堂」というこの廟は、通称「飛虎将軍廟」と呼ばれ地元民の厚い信仰を集めている。太い廟の柱には「安民節烈護国靖干戈」「飛躍将軍貞心堅護国」「鎮守榮衛英雄尊道義」と刻まれ、杉浦兵曹長が護国の英雄として崇められていることを雄弁に物語っていた。

そしてなによりこの廟で奏上される祝詞は我々日本人のド肝を抜く。

君が代は　千代に八千代に　さざれ石の
巌となりて　苔のむすまで

そう、日本国国歌『君が代』なのだ。それだけではない、この廟では『海ゆかば』までもが厳《おごそ》かに奏上されるのだ。もはや驚きを通り越して腰を抜かしてしまいそうになる。

祀られる飛虎将軍の神像は、日本軍人の姿をしており、その脇には台湾沖航空戦で散華した杉浦兵曹長の遺影が飾られている。さらにこの飛虎将軍の両隣にも軍服姿の神像があった。廟を建立した堂守の呉省事氏（故人）によれば、この二人も日本軍のパイロットだという。

遥か南方の台湾で、こうして神と祀られる日本軍人がいる。このことに私は深い感動を覚えずにはいられなかった。

戦後、台湾にやってきた国民党政府は日本軍人を祀るなどもってのほかと取り壊しを図ったが、地元の住民らが頑強に抵抗し、この廟を守り抜いたのだと呉省事氏は語ってくれた。

「飛虎将軍廟では煙草に火をつけてお供えする独特の儀礼がある。きっとそれは「恩《おん》賜《し》の煙草」を表現したものだろう。数本の煙草を祭壇にたむけ、呉省事氏に従って直立不動の姿勢をとった私は、国歌（祝詞）『君が代』を歌い、英霊に鎮魂の祈りを捧

飛虎将軍廟と呼ばれる鎮安堂(上)。飛虎将軍廟に祀られている杉浦兵曹長の写真(左)

げたのである。

残念ながら堂守・呉省事氏は近年他界されてしまったが、その精神はしっかりと受け継がれており、この廟を訪れる日本人はいまでも温かく迎えられている。

台湾には、この飛虎将軍廟の他にも日本の軍人が祀られている廟がある。

屏東《へいとう》県枋寮《ぼうりょう》にある「東龍宮」には、「田中大将軍」なる田中綱常海軍少将をはじめ、第3代台湾総督だった乃木希典陸軍大将、その他2名の日本軍人が祀られている。しかもこの廟には大きなスピーカーが取り付けられており、町中に響き渡る大音量で『軍艦マーチ』などの日本の軍歌が流されるのだきな違いなのだ。

から仰天する。

このように台湾では日本軍人が神様として祀られており、ここが中国や韓国との大

「教育勅語」を教える学校

台南駅からさらに1時間、列車に揺られて南に下れば台湾第2の都市「高雄」がある。

当地では北京語読みの「カオシュン」と呼ばれるこの町も、〝日本語族〟の人々にかかっては日本統治時代の「タカオ」となる。

ちなみに彼らの中には、「台北」を「タイペイ」と発音する北京語読みを嫌って、あえて「タイホク」と訓読みする人々も少なくない。戦後、大陸からやってきた独裁者に苦汁をなめた台湾の歴史を考えれば、それも無理からぬことだろう。日本統治時代の呼称も、台湾人にとっては中国人の支配に対するささやかな抵抗でありつづけたのかもしれない。

『台湾紀行』によれば、日清戦争後、規模が大きくなった海軍が南方への航海を便利にするため、高雄に貯炭所を必要としたことが日本の台湾領有につながったという。

明治41（1908）年、日本政府は高雄港を近代的な港湾とすべく修築に着手した。

世界有数の貿易港・高雄の誕生である。そして高雄港は、南方に睨《にら》みをきかせる日本海軍の重要拠点として、終戦まで多くの海軍艦艇と海軍軍人で賑わっていたという。

高雄市の西には見晴らしのよい「万寿山《まんじゆやま》」があり、中腹の万寿山公園からは市内を一望することができる。大洋に大きく口を開いた高雄港の景観は私をセピア色の時代へと誘った。

日本統治時代、この万寿山公園には「高雄神社」があった。現在は「忠烈祠《ちゆうれつし》」とその姿を変えているのだが、かつての参道に建つ大きな燈籠《とうろう》には「大東亜戦争完遂祈願」という刻字が読み取れる。戦後、日本統治時代の痕跡を抹殺しようとした中華民国政府が流し込んだコンクリートが長い年月とともに風化し、元の刻字が浮かび上がってきているのだ。

それは、戦後やってきた中華民国という幻想が年月とともに色あせ、日本統治時代が再評価されてゆく「今日的台湾」を見るようだった。

「明日の朝、ちょっと早いですが6時50分にお迎えに上がります。ではおやすみなさい」——

私の宿泊するホテルに訪ねてきた東方工商専科学校の日本語教師・郭金水《かくきんすい》氏がそう

い残してドアのノブを引いた。

東方工商専科学校（日本の短大に相当）は、教育学博士であり医学博士でもあった許国雄《きょこくゆう》氏（２００２年5月20日逝去）が高雄市新興区に創立した私立学校で、なんと「教育勅語」の精神をその教育にとり入れる、世界で唯一の学校なのだ。

翌朝、私を乗せた迎車は東方工商専科学校の門をくぐった。車を降りた私の目に飛び込んできたのは、私の来校を歓迎する大きな張り紙だった。

「いや〜まいったな。これじゃＶＩＰ待遇じゃないですか」

私が誰にいうでもなくつぶやくと、案内役の郭先生がすかさず「そうです」と短く答えた。

「しばらくこの部屋でお待ちください」

郭先生に通された部屋に荷物を預け、椅子に腰掛けようとしたとき、外でブラスバンドの勇壮な演奏が始まった。

「ご覧になりますか？」

郭先生について部屋を出た。

軍から派遣された配属将校が学生に早く校庭に集合するよう大声を張り上げる。すると左右の校舎から白いＹシャツの制服に身を包んだ学生がぞろぞろ校庭に集まり出した。そしてざわめきが静粛に変わる頃、「敬礼！」の大きな掛け声と共に学生達は挙手の礼をもって許国雄学長の登壇を迎えた。続けて国歌が演奏され、掲揚台をゆっくり昇る国旗に挙手の礼で敬意を表す学生達。「無軌道」「わがまま」を「自由」と勘違いしている日本の大学生とは雲泥の差を感じてしまう。

そして許国雄学長の朝礼が済むや、くるりと振り向いた許学長が壇上から私にスピーチせよと促すではないか。焦る私の背中を「さぁ」と郭先生が押す。抵抗はもはやこれまでと意を決して登壇。すると全校学生の視線が私に注がれた。

二つばかりの咳払いで喉を整え、マイクとの距離を縮めた。

「お、おはようございます」

郭先生が私の隣で通訳すると全校学生のすがすがしい挨拶が校庭にこだました。しかしこれで終われるわけがない。私は学生に語りかけた。

「日本にとって台湾は安全保障上、極めて重要な国であり、そして心が通じ合う唯一の国であると信じております」

大国の圧力におじけづき、稚拙な言葉の解釈に明け暮れる国会における当時の日米ガイドライン法案審議をよそに、日本人の本音を台湾の若者にわかってもらいたかった。

「私は日本人として大和魂を胸に、これを誇りとして生きております。どうぞ皆様も誇りをもって21世紀に向かって突き進んでください。そして日本と台湾は、アジア太平洋地域の平和と安定を担う兄弟国として共に歩んでゆこうではありませんか」

大きな拍手が湧き起こった。

アジアの盟主となれ

東方工商専科学校には商業及言語（観光事業・応用外語）、工業、新聞傳播、美容、芸術及家政などの学部が設けられている。とりわけ日本語教育には力が入れられ、事実、日本語コンクールの上位入賞者を輩出していた。他の学部教育も徹底したカリキュラムが組まれ、「何でも一番を目指す」という学長の指導方針を窺《うかが》い知ることができる。

そんな学校だから教育は行き届いている。客人に道を開け、笑顔で接してくれる学生達。学級崩壊、いじめ、校内暴力に荒れる日本の学校教育者は本校に教えを請うてはいかがか。

そして許学長は大きな額縁の前に立つや、そこに記された漢文を説明しはじめた。なんとそれは漢文化された日本の「教育勅語」だった。

教育勅語の重要性を力説する許国雄氏（上）。「天照皇大神」の掛け軸などが飾られた日本間も設けられている（左）

「昭和23年の国会で教育勅語がとりやめになったのは残念です。教育勅語で日本の教育が成功したんです。父母に孝に兄弟に友に、夫婦相和《あいわ》し朋友相信《ほうゆうあいしん》じ……もういっぺん日本は教育勅語をやり直すべきです」

こうした素晴らしい精神を学校の教育にとり入れているのだと真剣な面持ちで語る許学長。許学長はつづけた。

「外国は日本の弱体化を図ってこの教育勅語を外してしまった。それを日本人は知らない。これは間違っている。どこにも軍国主義的なところはない。教育勅語は人間の人間たることを明治天皇がお示しになったまでです」

「ハ～」、深いため息とともに私は肩

をおとした。自らの歴史を冒瀆《ぼうとく》する日本をこれほど情けなく感じたことはなかった。このとき私は日本の戦後教育に対して怒りと同時に憐憫《れんびん》の情を覚えたのである。

次に許学長は自慢の「日本間」を案内してくれた。なんとその入口には「さざれ石」が陳列されていた。それればかりではない。驚くべきことに、畳の間には「天照皇大神《あまてらすすめおおかみ》」の掛け軸、その向かいの壁には「教育勅語」と「皇室カレンダー」等々、枚挙に暇なき〝日本〟が部屋の壁を覆いつくしているではないか。そして天照皇大神の掛け軸の前には「東郷ビール」と「乃木之誉《のぎのほまれ》」がお供えされている。

私は軽いめまいを覚えた。ここは日本……ではない、台湾である。

「次はね、台南に新幹線の駅ができるので、その真ん前に東方法商学院大学という学校を創るんです。そこには〝大和公園〟と、日本図書では台湾一の蔵書を目指して〝大和文庫〟をつくるんです」

驚愕すべき許学長の話に、もはや私は立っていられなくなった。

年に10回も訪日するという生前の許国雄学長のバイタリティーは半端ではなかった。日本各地で講演し、現代の日本人に「カツ」を入れてくれていたのだ。

「だいたい総理大臣が靖国神社に行かない、国歌『君が代』がいけない、国旗・日の丸がいけないなんて国がどこにありますか。日本はホントかわいそうな国ですよ」

許学長は眉間に皺《しわ》を寄せた。

終戦後、かの二・二八事件で父親を殺され、撃たれた父親の下敷きになって九死に一生を得た許国雄氏は、かつて蔣介石の息子の蔣経国総統と激論を交えたことがある。許学長はそのとき、死も覚悟したという。

「台湾人が悪いんじゃない、中国の政治が悪いんだ。政治を変えなければ台湾の民衆はついていかない。50年間の日本統治時代は幸せな生活を送ったのに、終戦後におやじは殺された。そんな祖国がありますか！」

許国雄氏の熱弁に返す言葉を失った蔣経国総統は、許氏を国民党に勧誘した。〝虎穴に入らずんば虎子を得ず〟と、決死の覚悟で蔣経国総統の誘いに乗った許学長は国民党を内部から改革しようとしたのである。

許学長は拳を振り上げ、「これが大和魂だ！　決死の覚悟だ！」と語ってくれた。

後に国会議員となった許国雄氏は、日本、アメリカによる相次ぐ国交断絶の際、その未曾有《みぞう》のバイタリティーと頭脳をもって崖っ淵の台湾を救ったのである。許学長は、当時合衆国大統領だったジミー・カーターの実家に5日間滞在し、「台湾関係法」の成立に全精力を注いだという。なるほど創立者室の入口にはカーター大統領の母親と抱擁する若かりし頃の許国雄氏の写真が掛けられ、命をかけて台湾を救ったその武勲を物語っていた。

死をも覚悟し、胸に秘めた大和魂をもって台湾を救った許国雄氏。日本の政治家にも是非とも見習っていただきたいものである。

そんな許国雄学長は、平成14年2月に日本での出版の打ち合わせのために来日したのが最後となった。このとき私は許学長にインタヴューをしたのだが、それが最後となろうなどとは思いもよらなかった。

許学長は、最後まで口角泡《こうかくあわ》を飛ばして日本の戦後教育を批判し、首相が靖国神社に参拝しないことを嘆き、そして再び日本がアジアのリーダーになることを願ってやまなかった。ところが帰国後、許学長は病に倒れ冥界《めいかい》へと旅立たれたのである。

その後、許国雄学長の著書『台湾と日本がアジアを救う』（明成社）が出版された。それはまさしく精神荒廃に悩む現代の日本人への遺言といってもよいだろう。

許国雄学長はその著書を次のように結んでいる。

《日本のみなさん、自信を持って下さい。まだまだ、日本には底力があります。皆さんが立ち上がって、大国としての政治をやれば日本は強い国になります。欧米の金融メジャーからアジア経済を守り、共産主義国家の武力侵攻に対抗できる国は日本しかありません。地球環境保護の問題で世界をリードできる技術も日本は持っています。

私は、日本がもっともっと強い国になり、政治経済の上で本当にアジアの盟主となってくれることを願っています。台湾はこれを手助けします。日本と台湾が手を取り合って頑張れば、きっとアジアはもっとすばらしい発展を遂げることができると思います。

もし、アジアの国々の間で、主張の違いが出てきたときには、明治天皇御製《ぎよせい》の

さしのぼる朝日のごとくさはやかにもたまほしきは心なりけり

という気持ちで、心を合わせてやりたいものです。

皆さん、すばらしい日本と台湾、そして新しいアジアの建設のために共に努力してゆこうではありませんか》

後藤新平と許文龍

日本統治時代の１８９８（明治31）年３月、後の日露戦争で世界にその名を馳せた陸軍次官・児玉源太郎が第４代台湾総督として着任した。

司馬遼太郎氏がその歴史小説『坂の上の雲』で描く日露戦争の功労者達が、台湾総督を経験しているという事実はことのほか興味深い。明治維新を達成した日本は、新

しい領土・台湾にこうした超一流の人材を送りこんだのである。

むろん台湾総督の右腕として活躍した民政長官のポストも同様だった。とりわけ児玉源太郎総督の治世に活躍した民政長官・後藤新平などは、台湾の近代化に最も貢献した偉人として台湾史にその名が刻まれている。

当時、実質的に台湾統治に手腕を振るったのは、多忙の児玉総督を助けた後藤長官だったといわれている。後藤新平は、大規模な土地調査を実施し、道路・鉄道などのインフラ整備をはじめ、台湾の衛生環境と医療の大改善事業を行った。医学博士でもあった後藤新平は、台湾民衆の衛生観念教育から病院・予防消毒事業団の設立など衛生改善策を次々と講じていったのだ。

上下水道などは内地よりも早く整備され、そのため世界有数の伝染病根源地と知られた台湾からあらゆる伝染病が消滅していったのである。このことが、その後の台湾の発展に大きく寄与することになった。

また全島の習慣調査から台湾人のアヘン吸飲習慣の全容を把握した上でアヘンを専売制にし、中毒者を減らすことにも成功した。後藤新平は、悪習といえども他民族の習慣を尊重しながら、徐々にではあったが、しかし確実に中毒患者を減らしていったのである。

こうした数々の偉業を成し遂げ、台湾の発展に大きく貢献した後藤新平は、後に「台湾近代化の父」と呼ばれるようになった。

幅の広い道路や鉄道などの産業基盤が次々と整備され、台湾の人々を苦しめてきた伝染病は消えてゆく。そんな台湾の土壌にこんどは産業が根をおろしていった。世界に「武士道」を知らしめた新渡戸稲造《にとべいなぞう》の登場である。

同じ岩手県人である後藤新平の説得に応じ、総督府技師として赴任した新渡戸稲造は、サトウキビの品種改良を行うなどして生産量の飛躍的な向上を実現させ、台湾に製糖業を殖産すべく全力を傾けたのだった。

〝老台北〟蔡焜燦氏がいう。

「私がもっとも尊敬する実業家、それは許文龍《きよぶんりゆう》さん。この人は私利私欲がない。尊敬する後藤新平の生き方そのものなんです。いわば台湾の宝です」

ＡＢＳ樹脂の生産では世界一を誇る奇美《きび》実業（股）公司を経営する許文龍氏は、(財)台南市奇美文化基金を設立し、将来の台湾のために世界中から一流の芸術品を集めて博物館をつくり、また私財を投じて巨大な病院を建てるなど、すべてを「公」のために還元しているのである。

現代日本の実業家にも是非とも見習っていただきたい経営姿勢である。

蔡さんがいう。

「許文龍さんは、後藤新平の銅像を造って台湾人に本当の歴史を教えているんです。偉い人でしょ。それが許文龍さんなんです」

許文龍氏は、歴史上台湾の近代化に最も貢献した後藤新平の銅像を造って、これを多くの観光客の目に触れるよう観光スポットに設置するなど台湾の歴史の真実を伝えることも忘れない。

その許文龍氏が、1999（平成11）年5月22日、台南市社会教育館で、後藤新平・新渡戸稲造の業績を称《たた》える国際事績国際研討会（シンポジウム）開催を実現させたのだった。

このシンポジウムは、台湾の近代化に尽力した後藤新平・新渡戸稲造の偉業を再評価しようという戦後初の試みであり、日台両国の学者が競って後藤・新渡戸の業績を称えた。日本からも後藤新平および新渡戸稲造の孫をはじめ、両氏ゆかりの岩手県などからも多くの人々が列席した。

そしてこのシンポジウムで許文龍氏は見事な歴史観を披露したのである。

「台湾の今日の経済発展は、日本時代のインフラ整備と教育の賜物《たまもの》です。当時、搾取に専念したオランダやイギリスの植民地と違い、日本のそれは良心的な植民地政策だったのです。（中略）戦前の日本の台湾統治に対し謝罪する必要などありません。戦後の日本政府は、深い絆を持ちながら世界で一番の親日国家である台湾を見捨てました。謝罪すべきはむしろ戦後の日本の外交姿勢です」

さらに許氏は、会場に詰めかけた台湾人に、日本人の功績によって現在の台湾があることを忘れてはならないと訴え、本シンポジウムは、日本人を喜ばせるためではなく、かつて日本が台湾のためにどんな業績を残してくれたかということを日本人にわかってもらいたいためであると締めくくった。

この温かい「台湾の声」に深い感銘を受けたのは私一人ではなかったはずだ。

戦後、「謝罪」を対アジア外交の主軸・慣例としてきた日本の偏狭な自虐史観の罪はあまりにも重い。現代の日本人は、この「台湾の声」に素直に耳を傾け、そして自らの無知蒙昧《むちもうまい》さを反省すべきである。

このシンポジウムが開催された夜、許文龍氏が創立した奇美実業（股）公司で日本からのシンポジウム参加者を迎えて歓迎会が開かれた。そしてマイクをとって歓迎の辞を述べた許文龍氏は次のようにスピーチを結んだ。

「最後に一言、私も日本人として生まれ、学徒兵として動員されました。大東亜戦争はいまでも間違っていないと思っているんです。唯一の間違いは戦争に敗けたことです……。私はかつて日本人であったことを誇りに持っていますが、逆に日本の方々は誇りを持っていないんですね、どうか皆さん、過去に対して正当な評価と自信を持ってください」

一同は神妙な面持ちでこの言葉を受け止め、そして多くが心の中で手を合わせた。日本人にとって、これほど感動にうち震えた外遊はなかったに違いない。例にもれず、私もこみ上げる感動に頰を濡らしてしまった。するとやっぱり蔡さんは私の涙を見逃さなかった。

「ハハハ、また泣いたな。感動したでしょ！　それでいいんだよ」

蔡さんはそういって得意満面な表情で乾杯のグラスをとった。

許氏の客観的な歴史観は、あくまでも庶民にとってどうであったかという視点で展開される。

日本による台湾統治は、清朝時代の治安の悪い社会から一転して「夜でも戸締りが不用」な治安の良い社会をもたらした。さらに衛生改善がなされ、疫病がなくなったことは庶民にとってもっとも歓迎すべきことだった。

許氏は、自らが董事長《とうじちょう》を務める会社の社員にもこうした客観的視点から歴史を捉え、公平に日本時代を評価すべきであると教育する。

その社員教育における講演内容をまとめた『台湾的歴史』を覗いてみると次のような記述がある。

《我々が歴史を読む時は公平で客観的な立場で批評すべきで、決して教科書通りの「日本人は台湾人を搾取した」と単方向的思考法であってはならない》

《台湾の基礎は殆《ほとん》ど日本統治時代に建設したもので、我々はその上に追加建設したと言ってもよい。当時の日本人に感謝し、彼等を公平に認識すべきである。台湾の「二・二八事件」の死者の名誉回復をする如く、日本統治時代の様々な施政についても頭から日本が悪いと否定するのではなく、改めて正しい評価をすべきと思う》

この『台湾的歴史』を目にした当時の総統、李登輝氏によって、許文龍氏は国策顧問に抜擢されたのだった。

司馬遼太郎からの手紙

「司馬先生は、何通か手紙をくれました。感動する内容です」

そういって〝老台北〟蔡焜燦氏は、私に白い封筒を手渡した。

両手でそれを受け取り裏返してみると、差出人「司馬遼太郎」の文字が目に飛び込んできた。途端にその手紙がずっしりと重くなる。

「開けてごらん」

蔡さんは、顎を引いてメガネ越しにそういった。

封筒の中から折りたたまれた司馬氏の専用原稿用紙を取り出し、恭《うやうや》しく広げてみると、司馬遼太郎の台湾への思いが万年筆で綴られていた。

台湾にゆき、台湾のすばらしさを見ることができたばかりか、おかげ様で、台湾の未来をも感じました。

ただ、過去の日本を見てもわかるように、私どもアジア人は、古代を誇るわりには、現代において未成熟なような気がします。（このこと、北京を念頭に置きつつ書いています）。政治論をするのでなく、幸福論をすることによって、北京人士の台湾への理解と愛を育ててゆくことができればどんなにすばらしいでしょう。

台湾は、私にさまざまなことを考える契機をつくってくれました。少なくとも『台湾紀行』がおわるまでうかうか老いられないほど、心と頭に刺激をうけつづけています。二千万の人達、ありがとう、と言いたいほどです。むろん、蔡さんを筆頭にですが。

一九九三年七月二十九日

司馬遼太郎

蔡焜燦様

明霞様

「司馬先生は台湾の恩人です」

蔡さんは生前の司馬遼太郎氏との語らいを脳裏に蘇らせたのだろう、「立派な人でした」とつぶやき小さく頷いた。

〝老台北〟蔡焜燦氏は、日本からひっきりなしにやって来る各界の著名人を出迎え、時にマスコミの取材に応じる日々を送っている。また日本に招かれては、全国各地での講演、知己との心ゆるす語らいに忙しい。

そしてかつての祖国・日本を訪れるとき、いまは亡き司馬遼太郎氏の墓参も忘れることはない。

「司馬先生は、台湾はきっと独立しますよといってくれました。司馬先生が亡くなったときは悲しくてね。でも、和彦さん、台湾のためにありがとう。ほんとうにありがとう」

その優しい目尻に皺を寄せ、両手で私の手を握りしめる蔡夫人・明霞さん。

私は胸に満ちたもろもろを言葉にすることができなかった。込み上げる熱い思いが喉元で言葉を妨げるのだった。

台湾は、我々に「祖国」のありがたさを再認識させてくれる。そして、祖国日本を護ってくれた246万余柱の英霊に深い感謝の気持ちと敬意を教えてくれるのである。

「自分の国を愛しなさい。憂国の気持ちを持ちなさい。自分の生まれた国を愛さないような人は……これはダメ」

初めて出会ったとき蔡さんが語ってくれたこの言葉を私は生涯忘れることはないだろう。

自分の国を愛しなさい

「和彦、いつか司馬先生のような大作家になったら、そのときこの〝台湾のオヤジ〟のことを思い出してくれよ。こんなオヤジがいたことを」

〝老台北〟蔡焜燦氏はそういって人差し指で自分の鼻先をつついて見せた。

蔡焜燦氏と私は、いまでは「オヤジ」「和彦」と実の親子のように呼び合っている。

そんな蔡さんがいつになく真剣な表情で放ったこの言葉は、嬉しくもあったが、どこか悲しくもあった。

私は人間の命が永遠でないことをあらためて認識し、そのはかなさを思った。

いつもこの台湾のオヤジに会うと、映画『ニュー・シネマ・パラダイス』を思い出し、そのテーマ曲が脳裏を巡る。

オヤジは、なにか日本で大きな事件が起きると、台湾から電話をかけてくる。

「和彦！　元気？　○○はたいへんなことになったね」

そして私も台湾へ電話を入れる。

「オヤジさん、その後身体の具合はいかがですか？」

２００４（平成16）年の総統選挙で陳水扁氏が再選を果たしたときなどは、「和彦、ありがとう！　勝ったよ！　う～ん、今日は最高に気分がいいね～」と上機嫌だった。

ところが同年12月の台湾立法院選挙で、与党民進党が前回よりも得票数を伸ばしたものの、結果的に親中派の野党連合に過半数を取られたときなどはオヤジの心労が心配だった。

そこで恐る恐る電話を入れてみると――。

「いやいや、まだまだこれからだ！　それまでは死ねん！」

台湾人のための国づくりを目指す与党の実質上の敗北は、やはり悲しかったが、オヤジが電話越しに〝長生き〟を約束してくれたことは嬉しかった。

台湾の選挙はいつも一喜一憂なのだ。

そんなオヤジがかつての祖国・日本に対する憂国の思いを『台湾人と日本精神』（蔡焜燦著、小学館文庫）に込めている。

《もちろん私も日本を愛し、〝かつての祖国〟の弥栄を願う者としては人後に落ちない。ただ、日本が立派な国としてあり続けてほしいからこそ、ときに苦言を呈することもある。また国際社会における日本のおどおどとした姿勢に苛立ちを覚え、息子を叱りつける思いで「何をやってるんだ！」と思わず怒りを口にすることもある。そんなとき自分が〝台湾に帰化した日本人〟のような錯覚に陥ってしまう。

そして、現代の日本人の精神的荒廃を嘆くあまり、頭に血が上ってしまうこともしばしばである》

そしてオヤジは次のように結んでいる。

《私は、台湾にやってくる日本人に説く。

「自分の国を愛しなさい」と。

自分の国をも愛せない人が、どうして他人や他の国の人々を愛せるだろうか。自らの祖先を敬い、親兄弟を愛し、そして、そうした人々が幸せに暮らす祖国を愛してこそ、世界の人々を愛せるのだ。

日本の戦後教育のごとき〝反日教育〟が生むものは、祖先への軽蔑と他人を憎悪する卑しさだけであり、決して愛する心を育まない。現代日本の青少年による凄惨な事件の数々や、教育現場の荒廃はこうした戦後教育の悲しい結末であろう。

もっとも、歪曲した歴史観によって自国をさげすむことは、実に残念であるばかりか、そうした考えに正義感を覚える輩は、ただ〝無知〟としかみなされないことも肝に命じておく必要があろう。（中略）

近年、台湾ではこれまでの国民党主導による反日教育が改められ、新しい歴史教科書『認識台湾』によって、日本統治時代を正しく評価する歴史教育がはじまった。台湾におけるこうした教育は、将来のアジアの歴史観を大きく変えてゆくことだろう。

ところが日本では、自虐史観という〝虚構〟が、日本人から「自信」と「誇り」を奪い去り、日本国を世界の期待の声に応えることのできない〝自信喪失国家〟につくりかえてしまった感がある。しかし、それはアジア地域を不安定にさせているばかりか、世界の平和構築の障害となっているのである。

台湾には、日本がいまこそ学ぶべき〝正しい日本史〟がある。

どうぞ台湾に日本の正しい歴史を学び、自信と誇りを取り戻していただきたい。そして誇りある日本が、アジア地域の安定と平和を担う真のリーダーたらんことを願う。日本人よ胸を張りなさい！》（『台湾人と日本精神』）

その昔、台湾島をはじめて目にしたポルトガル人が、その島影の美しさに感動し、船上で「イラ・フォルモサ」（なんという麗しい島だ）と呼んだという。以後、「麗しい」という意味のポルトガル語「フォルモサ」が台湾の国名にあてられた。

私は取材のため何度も台湾に足を運ぶうちに、真に麗しきはこの島に暮らす人々の心であることに気づいた。蔡さんをはじめ、私を温かく迎えてくれた多くの台湾人の内なるものにいたく感動し、ときに考えさせられ、また幾度も涙した。

そしてそこに、もはや我々が忘れかけた〝日本の心〟をみたのである。

戦前の日本人が世界に誇った「公」に報いる精神、道徳、愛国心、そして大和魂までもがここ台湾に遺されているのだ。

我々はいまこそ台湾に学ばなければならない。

対中外交と台湾

1999（平成11）年、李登輝総統（任期は1988年1月－2000年5月）は『台湾の主張』（PHP研究所）を出版し、日本について次のように記している。

《私にいわせれば、日本人はあまりに自信喪失して、こうした世界でもまれな条件を生かせなくなっている。もう少し、冷静に回りを見回し、そして自分たちを見直すべきだろう。アジアの国々もそのことを望んでいるし、世界もまた同じ思いなのである》

《かつては学生として教えを受け、さらには実務家として多くを学んだ私としては、日本がもてる力を十分に振るえずに停滞している姿をみているのはつらい。また、国際社会において、意外なほど幼い行動をとるのを目撃するのは、実に残念な思いがする》

李登輝氏はかつての祖国・日本のゆく末を案じてくれていたのだ。

そして2001（平成13）年4月、李登輝氏の訪日問題が持ち上がった。

李登輝氏訪日の目的は、その前年に受けた心臓冠状動脈狭窄症のカテーテル手術の術後検査を倉敷中央病院の光藤和明《みつどうかずあき》医師に診療してもらうためだった。そこで李登輝氏は、代理人を通じて交流協会台北事務所（実質上の在台日本大使館）にビザの申請手続きを行ったのだが、あろうことか森喜朗首相の意向に反して、河野洋平外相をはじめ槙田邦彦外務省アジア大洋州局長ら〝媚中派《びちゆう》〟議員・官僚らが対中配慮を理由にビザ発給に猛烈に反対したのである。しかし森首相は立派であった。こうした連中の反対意見を断固として撥《は》ねつけ、李登輝氏に対してビザ発給を決断したのである。

平成16年12月27日、李登輝氏は、今度は観光のために家族と共に日本の土を踏んだ。そして行く先々で日本国民の温かい歓迎の声と日章旗・同郷会旗の波に迎えられたのである。

しかしながらまたしても中国の内政干渉が日本国民を不快にさせた。

日本経団連評議会の会合で講演した当時の王毅《おうき》駐日大使は、ビザ発給を決めた日本政府に対し、「(李氏は)トラブルメーカーだけでなく戦争メーカーになるかもしれない。考え直していただきたい」(『産経新聞』平成16年12月22日付)と発言した。

そもそも世界のトラブルメーカーである中国にこのようなことをいわれる筋合いはない。なにより彼らは、こうした内政干渉を行えば行うほど日本人の反中感情が高まってゆくことが理解できないのだからどうしようもない。

この李登輝氏再来日の2カ月前、平成16年10月16日、台北で台湾安保協会およびア

日本の行く末を案じていた李登輝元総統

ジア安保論壇の主催による国際シンポジウム「アジアの安全保障　現状と展望」が開催された。そして蔡明憲《さいめいけん》・台湾国防部副部長および元海上自衛隊護衛艦隊司令・金田秀昭元海将らと共に私も講演者の一人として招待されたのだった。

私の講演は「アジア安定の鍵をにぎる台湾関係法」という演題で、アメリカの国内法である「台湾関係法」がある限り、台湾の独立性は確保され、すなわちアジアの安定と平和が保障されることを会場に詰め掛けた聴衆に訴えたのである。

そして私は講演の最後をこう結んだ。

「台湾周辺海域の安定がなければ、日本経済の安定と繁栄はない。つまり、日本経済は台湾周辺海域の安寧によって支えられているのである。もっとも、海上交通路の要衝が不安定になることは地域全体の問題であり、対日貿易の依存度が高い東南アジア諸国も他人事では済まされない。世界の経済がますます相互依存度を高める今日、台湾経済の不安定化が世界経済に与える影響は計り知れないのである。

したがって台湾海峡危機は台湾――中国の2国間の問題ではなく、全世界的な問題なのである。

最後に申し上げておきたい。

日本と台湾、両国は明らかに国益を同じくする〝運命共同体〟である。

日本の将来は、台湾が自由民主主義の独立国でありつづけてくれることにかかっている。

日本が中国に対する〝幻想〟から目覚め、そしてアメリカとの集団的自衛権の行使を決意するとき、それは台湾の安定と平和に大きく貢献することになるだろう。

台湾の皆様、多くの日本国民はいまようやく目覚めつつあります。そして良識ある日本国民は、世界でもっとも大切な隣国・台湾を決して見捨てはしません！」

会場は大きな拍手につつまれた。そしてその会場には、〝息子〟を見守る温かい目があった。蔡さんだった。壇上から蔡さんの姿を見つけた私は、講演により一層力が入った。私の講演は、台湾とそして〝台湾のオヤジ〟への恩返しだったのである。

日本の伝統的価値観の尊さ

そしてこの講演の翌日、私は李登輝氏にお目にかかる機会に恵まれた。

その席で私は、李登輝氏が２００３（平成15）年に出版された『「武士道」解題』（小学館）について、「いまなぜ〝武士道〟なのか」という点について訊いた。

すると李登輝氏は、物質的な享楽・消費の中にあるいまの世界がなにか精神的なものを求めていると前置きした上で、今日の日本における政治家のリーダーシップと官僚の奉公の精神の欠如を挙げ、日本人が本来もっていた道徳的なものをもう一度取り戻してもらいたいからこそ「武士道」について筆を執ったのだと語ってくれた。

李登輝氏は『「武士道」解題』でも次のように述べている。

《だからこそ、日本の「武士道」は素晴らしいのであり、天下無比のパワーを秘めているのです。このような「不言実行」あるのみの不文律を築き上げてきた民族の血を引く日本人は、もっと自信と誇りを持って、積極的に「国際社会のリーダー」の役割を果たしていくべきではないでしょうか》

そして李登輝氏との会見の中でもっとも印象的だったのが、「戦後になって日本が伝統的に持っているものをだんだん失いかけているという気がします」というその言葉だった。

そこには日本に対する愛情が込められていた。

李登輝氏は、『「武士道」解題』の前書きにも日本への愛を次のように綴っている。

《いまの私は、既に日本にとっては「外国人」であり、また、れっきとした「台湾人」でありますから、「日本人」である皆さま方にこのようなことを言う資格はないのかもしれません。しかし、たとえ第三者であっても、一人の「人間」として、あくまでも良いものは良い、悪いものは悪い、と言うべきだと思っているのです。いや、二十二歳になるまでは私も生まれながらの「日本人」でしたし、また旧制の日本教育を受けた者の一人として、あくまでも日本の良いところや、精神的価値観の重要性を人一倍よく知っているつもりですから、この際はっきりと言っておくべきだと信じて疑わないのです。

もちろん、こんなことを言えば、台湾の中にも怒り出す人がいるかもしれません。特に社会主義中国につながる左翼系の人々はそうでしょう。しかし、もはや私はそんなことなど全く気にしてはいません。まさに、「かくすれば、かくなるものと知りながら、やむにやまれぬ」気持ちで、日本の伝統的価値観の尊さを世に問いたいと思っ

ているからです》

いま現代の日本人が、〝アジアの哲人〟李登輝氏に学ぶべきはあまりにも多い。

かつて李登輝氏が総統時代に、中国との関係を「特殊な国と国の関係」と表現し内外に大きな反響を呼んだことがある。しかしながら李登輝氏は当然のことをいったまでである。そもそも台湾と中国が一つの国家であるなどまったくのフィクションに過ぎない。そんなフィクションを是認すれば人類は永遠に虚構の中に生き続けなければならなくなる。

ところが現在の日本ではまかり通っているのである。戦後の左翼イデオロギーの蔓《まん》延《えん》が、正常な国際常識を蝕み、世界に冠たる武士道を機能不全に陥れてしまったのだ。戦前の日本を全面否定した自虐史観は一国平和主義なる白昼夢を生み、そして日本を国際社会の現実から隔離させてしまったのである。しかしこの歪な自虐史観にうつむく日本に「他がなんといおうと日本人は立派だった。これからも胸を張ってがんばれ！」と肩をたたいて励ましてくれる〝台湾〟がいる。国際社会における自信を喪失し、自らを冒す病巣《びょうそう》を取り除けずにもがく日本を蘇生させてくれる国はもはや台湾しかないのだ。

にもかかわらず日本のマスコミは、そんな台湾の声をまったく取り上げようとはしない。いなむしろその声をねじ曲げてまで日本の近現代史を貶めようと躍起になっている。

台湾の日本統治時代を取り上げたNHKの番組『JAPANデビュー』第1回「アジアの〝一等国〟」(平成21年4月5日放送)などは、台湾の人びとの日本統治時代への思い出話を見事に歪曲《わいきょく》したテレビ史上最悪の捏造番組だった。このNHKの番組は、日本統治時代を高く評価する大多数の意見を完全に封殺した上で、インタヴューした年配者の声を都合よく歪曲編集し、また歴史を捏造して、まるで日本統治時代が差別と弾圧の暗黒時代であったかのように描いたのだ。だがその結果、この番組でインタヴューを受けた台湾の人びとをはじめ、番組を観て憤慨した日本人視聴者合わせて1万人以上がNHKを相手取って集団訴訟を起こす事態に発展したのである。これは、台湾人の対日感情を、中国人や韓国人のそれと同じだろうと思い込んだNHKの大きな誤算であった。

日本にとって最初で最長の統治を受けた台湾の声は他の近隣諸国のそれよりはるかに重い。かつて半世紀もの間歴史を共有し、いまも強い心の絆で結ばれた台湾が国際社会に登場するとき、日本の現代史に明るい陽の光が差し込むことだろう。

日本に期待し、そしてラブコールを送りつづけてくれる〝台湾〟、世界一の親日国家。

蔡焜燦氏をはじめ〝麗しき島〟に暮らす人々の夢が一日も早く叶うことを願ってやまない。

第5章

【マレーシア】アジアは英米と対等だと奮い立たせてくれました

マレー攻略戦の大義

「大本営陸海軍部発表、十二月八日十一時五十分、我ガ軍ハ陸海緊密ナル共同ノモトニ、本八日早朝、マレー半島方面ノ奇襲上陸作戦ヲ敢行シ、着々戦果ヲ拡張中ナリ！」

対米英開戦を告げる大本営発表に引きつづき、昭和16（1941）年12月8日のラジオは、マレー半島上陸作戦の成功を力強く伝えた。

12月4日、17隻の輸送船に分乗した山下奉文《ともゆき》中将率いる第25軍（第5師団・第18師団他）は、小沢治三郎《じさぶろう》中将の海軍南遣《なんけん》艦隊に護衛されながら海南島を出港。輸送船17隻の内14隻は、タイ領南部のシンゴラとパタニを目指し、「淡路山丸」「綾戸山丸」「佐倉丸」の3隻が英領マレーのコタバルに舵をとった。

そして同月8日午前1時35分（日本時間）、コタバルのサバク海岸沖合で上陸用舟艇に乗り込んだ佗美浩《たくみひろし》少将率いる「佗美支隊」約6000人の将兵は、上陸地点目指して突進を開始。同午前2時15分に戦闘が始まった。

それは、ハワイ真珠湾攻撃より約1時間も早い戦闘だった。

つまり大東亜戦争は、ハワイ真珠湾攻撃ではなく、実は、マレー上陸作戦でその火蓋が切って落とされたのである。

このあたりについては、資料や文献によって多少の差異もあるが、コタバル上陸時間である午前2時15分（日本時間）と、ハワイ真珠湾攻撃開始時間である午前3時25分（日本時間）を比較すると1時間10分の差でマレー上陸作戦が先行していたことになる。

もう一つある。開戦前日の12月7日、日本艦隊を捜索中の英軍カタリナ飛行艇が、マレー半島のパジャン島沖で日本軍機に撃墜されていたのだ。つまり大東亜戦争はマレー半島を巡る対英戦で戦端が開かれたのだった。

もっとも英米支蘭の4カ国は、いわゆる「ABCD包囲網」をもって日本を締め上げ、日本をして無理やり開戦に踏み切らせたかったのだから、これをもって連合軍の〝対日宣戦布告〟と見るべきであろう。

戦後の識者の多くは、現代の価値観で過去を推し測り、したり顔で「ほかに選択肢はあったはず」あるいは「戦争は回避すべきだった」と嘯《うそぶ》いてきた。

しかし本当にそんなことは可能だっただろうか。その答えは〝不可能〟の3文字以外に見当たらない。

そもそもアメリカは、日露戦争以降に対日戦争計画を着々と進めていたのであり、またなにより、アメリカが欧州戦争参戦の契機を摑《つか》むためにも対日戦争を必要としていたことは覆うべくもない事実である。アメリカは、ドイツの同盟国である日本に手を出させ、これを口実に参戦することを考えていたのだ。

事実上の対日宣戦布告といえる「ハル・ノート」、そして蔣介石の中華民国軍への義勇軍戦闘機部隊「フライング・タイガース」の派遣などは日本に対する露骨な挑発行為であった。とにかくそのいずれを見てもアメリカの対日戦争意図の有無は明らかであり、とりわけ後者は、アメリカによる実質上の対日開戦といってよい。

さらにいえば、日本軍の暗号はアメリカにことごとく解読されており、また開戦前日の12月7日にはマレー半島沖で英軍機が撃墜されたのだから、ハワイおよびフィリピンの米軍基地は厳重警戒態勢を敷いてしかるべきであった。にもかかわらず、米軍は各方面に注意喚起を行っていないのだから、日本軍による〝奇襲〟の成功を助けたという見方もできる。

いずれにしても、ABCD包囲網によってあらゆる工業資源を断たれた日本は、資

日本軍が上陸したコタバルの海岸

源確保のために自ら行動するほかなく、自存自衛のためには「戦争」という究極の選択しか残されていなかったのだ。

そして見逃してはならないのが、政治家をはじめ全国民が座して滅亡を待つことを許さなかったという当時の日本の世論である。とにかく当時の国民は挙《こぞ》って軍部に期待していたのであり、軍部が独走して戦争を企図したなどというのは、軍部にすべての責任をなすりつけようとする卑劣な責任転嫁でしかない。

日本は、国家の存亡を賭けて戦争に踏み切ったのである。否、そうするしか手段がなかったのだ。

後に陸上自衛隊の陸将となった第25軍作戦参謀・國武輝人少佐はこう回想して

いる。

《南方作戦の目的は、石油を中心とする諸資源を南方地域で確保し、日本の経済的生存を維持するためにある。このためには、南方の中心地シンガポールを速やかにわが手に入れなければならない。したがって、マレー作戦が南方各地の作戦のなかで最重点と考えられた》(『丸』エキストラ「戦史と旅」8、潮書房)

蘭印の石油資源を確保しなければ戦争遂行は不可能であり、だから海軍も全力を挙げてこの作戦を支援した。とくに南遣艦隊を率いる海軍中将・小沢治三郎は、全滅も覚悟で陸軍第25軍の護衛を引き受けたという。

そしてマレー攻略作戦にはもう一つの大義があった。

英領マレー半島は、香港、インドという大英帝国の植民地のほぼ中間に位置し、東洋への重要な交通路・マラッカ海峡に面している。そんなマレー半島を制することは、大英帝国のアジア植民地の心臓部へ楔《くさび》を打ち込むことになり、さらに大英帝国をこの地域から駆逐することは、欧米列強の圧政と搾取に苦しむアジア諸国の解放の第一歩であった。

マレー攻略作戦、これこそが大東亜戦争の真髄だったのである。

昭和16年12月９日付の『中外商業新報』は〝帝国英米に宣戦を布告す〟と伝え、「今暁《こんぎょう》英米と戦闘開始」「馬來《マレー》各地に戦火擴大」と大きく扱った後で、小さく「早くも布哇《ハワイ》に大奇襲作戦」と報じている。

開戦当初の敵は「英米」の順であり、「米英」ではなかったのだ。

そして新聞の中ほどには、「陸軍香港攻撃開始」「在上海英艦を撃沈」と対英戦の戦闘を報じる記事がつづき、「ホノルルを三時間に亘《わた》り空襲」と対米戦はそのあとに取り上げられている。こうしたことからも、当時の日本では大英帝国との戦争が対米戦争より注目されていたことがわかる。

対英戦争は、マレー半島東岸のコタバルへの敵前上陸に始まった。

昭和16年12月８日未明、夜陰に紛れて海岸に押し寄せた日本軍侘美支隊の将兵その数約６０００人。これを迎え撃つ英印軍第８旅団約５６００人は、上陸する日本軍に対して猛烈な銃火を浴びせた。進撃を開始した日本兵の傍らで砲弾が炸裂し、トーチカの機関銃が唸《うな》りを上げる。しかし日本兵は怯《ひる》むことなく、堅固な敵トーチカににじり寄った。

38式小銃を握り締め、歯をくいしばって砂浜を前進する兵士の胸には、悠久の大義と必勝の信念があった。そしてトーチカの死角に辿り着くや、すかさず手榴弾の雷管を発火させ、小さな銃眼《じゅうがん》から手榴弾を放り込むなどして海岸線に配置されたトーチカを次々と沈黙させていったのである。

田中恒夫防衛大学校助教授（戦史教官）はこう語った。

「この戦いに参加された落合軍医は、制圧した真っ暗なトーチカ内で負傷兵を手当されましたが、負傷兵は『敵に見つかるから灯りを点けないでほしい』と自らの治療よりも戦友の安全を優先させたのだと話しておられました。また、将兵らは息をひきとる前には『天皇陛下万歳！』を叫んで亡くなっていったということです。このとき落合軍医は、『ああ、日露戦争での話は本当だったんだ』と認識をあらたにしたと語っておられました」

親日の理由

日英両軍が死闘を演じた現在のサバク海岸には、地元の老人がのんびりと海岸を散歩し、放牧された牛や山羊が海風にさらされながら草を食むのどかな光景があった。ところが残念なことに、激しい浸食によって海岸線が年々後退し、数年前までこの海岸に残されていた英印軍のトーチカも海没していたのである。恐らく近年の地球温暖化による海面の上昇が原因なのだろう。

強い海風が椰子《やし》の葉をざわめかせ、打ち寄せる波は大きな音を立てて砕け散る。その波によって根元を剥き出しにされた椰子の木が散在し、浸食の激しさを物語っていた。

海岸で飲食店を営む女性店主プアン・アミナ氏は海を指差して眉間にシワを寄せた。

「10年前にここにやってきたときはまだトーチカがありましたよ。けれど浸食がひどくて……。私の店もこれまで4回も移動したのですが、この12月にはこの場所もどうなることやら」

平成14（２００２）年8月、海岸に横たわるコンクリートの上に立ち、私は荒れる海を感慨深く眺めた。

コタバルの市内にはいまも日本軍の上陸を記念したモニュメントが建立されている。「平和祈念時計塔」もその一つだ。この祈念塔は、マレーシアの環境開発庁長官であったダト・ムハマッド・ヤコブ氏の申し入れを契機として１９８８年2月に建立された。高さ10メートルの祈念塔には、日本語、英語、マレー語、アラビア語の4カ国語で、「永遠に平和と自由の時を刻むを祈る。１９８８年2月」と刻まれている。

もっともこの祈念塔建立に対しては、中国系住民による反対の声も上がったが、除幕式に参列したケランタン州知事のヤコブ氏は次のように挨拶した。

《日本軍の上陸とその後の占領は、我々にとって厳しいものであったが、それによって我々に民族精神を振起《しんき》させ、1957年に独立を達成するきっかけになった。（中略）この時計塔が、コタバル上陸部隊戦友会と当地ケランタンの人々との間に意義深いシンボルとなることを祈念し、私はここに慈悲深い神の名において、この平和公園と時計塔をオープンすることを宣言する》（『教育正論』31、教科書正常化国民会議）

ところが、時代の流れは過去を忘却の彼方に押しやってしまったのか、いまや祈念塔の周りは住宅地へと様変わりし、そして祈念塔の時計も何者かに破壊されたままとなっていた。

そんなコタバルの街中にも英印軍のトーチカを見ることができる。シンパティンガの交差点に残るトーチカもその一つだ。このトーチカは、緑と茶の迷彩塗装もそのままに、人々の日常の真っ只中でその武骨な姿をさらしている。傍らでは、独特の匂いを放つドリアンの行商人が道行く人に声を掛け、ニワトリを調理中のオバちゃんが揚げたての鳥を摑《つか》んで愛想よく見せてくれた。

このオバちゃんによれば、2週間前にも20代の日本人女性がトーチカの写真を撮りにやってきたという。それにしてもこの日本人女性、いったい何者なのかが気になる。もしや彼女が旅行者なら、歪んだ歴史観に基づいたガイドブックに頼らず、地元の人々の言葉を素直に聞いてくれればよいのだが……。

そもそもマレー半島東部には、イスラム教徒が圧倒的に多く、一方、中国系住民は少ない。したがって〝親日度〟も高い。

大東亜戦争時、マレー系の人々は、長く圧政を敷いてきたイギリスを駆逐してくれた日本軍を〝解放者〟として歓迎した。一方、母国の中国が日本と交戦状態にあった中国系の人々にとって、日本軍は〝敵〟としか映らず、抗日ゲリラを組織するなどして抵抗をつづけた。

いまでも当時の対日感情が今日のそれに大きく影響しており、民族によって対日感情が違うのだ。それにつけこんだ日本のマスコミは、わずか30％に足らない中国系住民の対日感情をマレーシアの総意であるかのように報じてきたのである。

かつてそんな捏造《ねつぞう》を信じて――あるいは意図的に――、過去に対する〝謝罪〟を押し付けたが、逆にマハティール首相にたしなめられた独善的な大物政治家がいたことも記憶にそう遠くない。

現在のマレーシアは、総人口約３０００万人、約67％がマレー系、19世紀末に錫《すず》の採掘のために連れてこられた中国系は約25％、さらにゴムやコーヒーなどのプランテーションの労働力として動員されたインド系が約７％という人口比率（その他少数民族等）で構成される多民族国家である。なかでも支配者であったイギリス人の手下となってマレー人を酷使した中国系とマレー系の折り合いは悪く、戦前・戦後にわたって反目し合っていることを知っておかねばならない。

実はこのことがマレーシアを知り、そして大東亜戦争時の日本軍を知る手がかりとなるのだ。

日本軍上陸が歓迎された理由

「1941年にこの地で起こったことを地元の人々に知ってもらうことを目的に（戦争博物館を）開館いたしました」

そう語ってくれたのは、コタバル戦争博物館に勤めるE・アリフィン氏だった。

ところが、旅行ガイドブック『個人旅行マレーシア』（昭文社）などは、《1912年建造のレンガ造りの建物を利用した博物館では、日本軍のマレー侵略と抗日の歴史を紹介している》と解説をしているから呆れてしまう。

この博物館の中に展示されているのは、コタバル上陸に始まった大東亜戦争の顚末《てんまつ》を客観的に紹介しているのであって、〝抗日〟なる華僑の歴史観は、イスラム教徒が多数を占めるケランタン州ではほとんど聞かれないはずだ。そもそもこの博物館が建てられた背景は、まったく逆なのだ。当時ケランタン州副知事で、コタバル戦争博物館の館長であったロザリー・イソハック氏は、ビデオ『独立アジアの光』（日本会議）の中で次のように述べている。

《1991年、私たちは日本のコタバル上陸50周年を祝いました。これがケランタン、つまり当時のマラヤによって意義ある出来事であったからです。ここコタバルは、日本軍最初の上陸地です。私は戦争博物館の館長として記念行事を担当しましたが、多くの人がこの重要な出来事を長く記憶に留めていただきたいと願っています》

また、コタバルの近代史研究家・ビン・モハマッド・ナラク氏も、上陸してきた日本軍をこう称える。

《たいへん感銘を受けました。我々が学んだのは日本人の規律の良さでした。それを見た我々も独立の意欲が沸きました。日本軍が来るまでは、イギリス人または白人は神のように高い存在で、我々は話し掛けるのにも躊躇《ちゅうちょ》しました。（中略）ところがよく見れば白人はそんなに高くはない、神でもない。彼らはアジアの軍隊に負けたのですから。こんな思いもあって、もうイギリスの保護を求める必要もない、独立は我々自らの力で要求できるのだと確信するようになったのです》（同前）

極端な偏向教育によって洗脳された戦後の日本人は、どうぞマレーシアの人々の生の声に耳を傾けていただきたい。

余談となるが、日本人はこうした史実を知らないために、かつてイラクで人道復興支援に汗を流す陸上自衛隊がイラクの人々から大歓迎されている事実を素直に理解できなかったのである。

第1次イラク復興支援群長・番匠《ばんしょう》幸一郎一等陸佐（のち西部方面総監）は隊員にこう訓示した。

「国家の再建と復興に懸命に取り組んでおられるイラク国民の方々に、夢と希望をもって頂けるよう、各国と協力しながら、日本人らしく誠実に心を込めて、また、武士道の国の自衛官らしく規律正しく堂々と、与えられた任務の完遂に全力を尽くしたいと考えております」

〝武士道〟と〝規律〟、またしてもこれが地元の人々に歓迎されていたのだ。

陸上自衛隊は、常にイラクの人々と同じ目線で接し、そして厳しい規律の下に任務の完遂に務めていたのである。

番匠一佐は次のように述べている。

《規律違反や現地で非難されることも一度もありませんでした。特に各国軍人は、我々の宿営地を訪問するたびに「信じられない整然さだ」を連発していたものです。テントや車輌を一列に並べる際には、誤差範囲２・５～３㎝を徹底させました。砂嵐で、他国軍の宿営地ではゴミが宙に舞う光景をたびたび見かけましたが、部下たちは命じられるまでもなく、気がつくとゴミを拾っていました。

銭湯でさえ湯船は汚れるものですが、宿営地のは簡易浴槽にもかかわらずまったく汚れていなかった。誰もが期せずして、体を洗ってから入浴するエチケットを身につけていたからです。水も貴重であることを皆が意識していたため、日本での演習よりはるかに少ない消費量で済みました》（産経新聞イラク取材班著『武士道の国から来た自衛隊』産経新聞社）

かつての日本軍、そして現在の自衛隊、いずれも「規律正しい日本の軍隊」は常に世界の人々から賞賛されそして歓迎されているのである。

タイ王国首相の感謝

さて、コタバルに上陸した侘美《たくみ》支隊の戦略目標は何だったのか。

それは、いち早くマレー北部に点在する英軍の航空基地を奪取し、航空機による敵の対地攻撃を不可能にすること、そして海軍機に比べて航続距離の短い陸軍戦闘機の足場を確保することであった。

実際、英軍機が沖合で上陸作業中の輸送船に襲いかかり、3隻の輸送船が大損害を被っている。「淡路山丸」は沈没、大東亜戦争最初の水上艦艇損失艦となった。したがって上陸作戦成功の鍵は敵飛行場の制圧にかかっていたのである。

上陸地点からおよそ3キロに位置するコタバル飛行場の争奪戦は、上陸当日12月8日の夜8時頃から開始され、その4時間後には日本軍の手に陥ちている。そして飛行場から4・5キロ先のコタバル市内に日本軍が突入し、市内を制圧したのが翌9日正午頃だった。

サバク海岸に上陸した佗美支隊は、コタバルを占領後、東海岸を南進し、ゴンケダ、クアラトレンガヌー、クアラクアイ、クアンタンを突破して、一路シンガポールを目指して驀進《ばくしん》した。

他方、第25軍の第5師団および第18師団本隊は、当時中立国であったタイ領シンゴラ、パタニの両海岸に上陸し、バンコク経由で南下する近衛師団とともに、マレー半島西海岸に向けて進撃を開始。山下奉文中将も、12月8日午前5時20分、シンゴラに上陸してマレーシア国境を目指した。

このように日本軍がコタバルのほかに、中立国であったタイのシンゴラおよびパタ

タイの士官学校前に展示されている日本陸軍の九五式軽戦車

ニを上陸地点として選んだ理由は、マレー半島を東西に分かつ中央山脈があったからである。半島の東側（南シナ海側）から上陸してマレーシアの西側（インド洋側）に進出するためには、比較的平坦な地形が続くタイ領を通過するほかなかったのだ。事実、飛行機でマレー半島を横断すると、雲の上にその頂を突き出す標高2000メートル級の山々が連なり、この山脈が半島を東西に分断していることがよくわかる。なるほどこれでは南シナ海側からマラッカ海峡の要衝《ようしょう》ペナン島、そして首都クアラルンプールを攻略することは難しい。

ところが、マレー半島の最も細い部分は平地が広がり、タイからマレーシア国境まで天然の障害は見当たらない。また東シナ海側のタイ領からマレーシア国境までの最短距離は50キロ程度であることからも、シンゴラおよびパタニは最適の上陸ポイントであったといえよう。

仏印からタイ国内を進撃した近衛師団の近衛歩兵第5連隊の連隊長・岩畔豪雄《いわくろひでお》大佐は、戦後、次のように回想している。

《車窓からの眺めは、タイ国特有の情緒を繰りひろげてくれたし、沿道の住民が、日の丸の旗を振りながら見送ってくれるという、われわれが予想もしなかったことがあったりして、不快の念をいっぺんに吹き飛ばす情景にも恵まれたりしたのである》（岩畔豪雄著『シンガポール総攻撃』光人社NF文庫）

日本が英米に対して宣戦布告するや、日本とタイ王国は、平和進駐協定を締結、これによって日本軍は合法的にタイ国内を通過できたのである。

戦後教育やマスコミはこうした事実を隠蔽《いんぺい》し、タイ進駐も日本軍による〝侵略〟であったというがそれは歴史の捏造である。当時、タイ王国が日本の同盟国だったことはもはや否定しようのない歴史的事実なのである。

協定締結の2週間後の12月21日、「日本・タイ同盟」が締結されており、後に日本から一式戦闘機「隼」なども供与され、当時のタイの国籍マーク「象」をあしらった機体が存在している。

日本軍の九五式軽戦車などは、戦後も長くタイ陸軍で使われ、退役した1両がバンコクの士官学校前に展示されている。余談だが、タイ陸軍は、いまも可動状態にある九五式軽戦車を保有しているというからいかに長く使われていたかがおわかりいただけよう。

こうした歴史的背景があるからこそ、タイはマレーシアに優るとも劣らない親日国家であり続けているのだ。

戦時中のタイ駐屯軍司令官であった中村明人《あけと》中将が、戦後の昭和30年に国賓待遇でタイ王国に招待され、群衆から大歓迎をうけた事実は、戦時中のタイの親日感情をなにより雄弁に物語っている。

このとき、後のタイ王国首相ククリット・プラモードは、当時自らが主幹を務めたオピニオン紙『サイヤム・ラット』に、次のように書き記している。

これは戦後10年を経た昭和30年の話である。

《日本のおかげで、アジアの諸国はすべて独立した。日本というお母さんは、難産して母体をそこなったが、生まれた子供はすくすくと育っている。今日東南アジアの諸国民が、米英と対等に話ができるのは、一体誰のおかげであるのか。それは身を殺して仁をなした日本というお母さんがあったためである。この重大な思想を示してくれたお母さんが、一身を賭して重大決心をされた日である。われわれはこの日をわすれてはならない》（名越二荒之助編『世界に開かれた昭和の戦争記念館　第4巻』展転社）
ククリット・プラモード首相がいう「この日」とはいうまでもない、昭和16年12月8日のことである。

アジアを勇気づけたマレー沖海戦の大戦果

「私は独《ひと》りであることに感謝した。戦争の全期間を通じて、これほどの強い衝撃を受けたことはなかった」

イギリスの首相ウインストン・チャーチルは、戦後、その著書『第二次世界大戦回顧録』（中公文庫）でマレー沖海戦の大敗北をそう回想している。

昭和16（1941）年12月10日、英戦艦「プリンス・オブ・ウェールズ」および「レパルス」は、マレー半島東岸のクワンタン沖で、日本の海軍航空隊によって撃沈され、英東洋艦隊は開戦3日目にして壊滅した。

激闘およそ2時間、大英帝国のアジア支配の象徴ともいうべき「プリンス・オブ・ウェールズ」は、僚艦「レパルス」と共に、空からの爆・雷撃を受けて波間に消えていったのである。

高速航行中の戦艦を航空機だけで撃沈するという快挙は、世界戦史上初の出来事であり、それゆえに世界は驚愕《きょうがく》した。とりわけ、主として海軍力をもって日本軍と対決しなければならなかったアメリカは、その2日前に自ら体験した真珠湾の悪夢が単なる偶然や奇跡でないことを思い知らされ、あらためて日本の航空戦力に震え上がったのだった。

1941年当時、まさしく日本の航空戦力は世界一だったのである。

イギリス敗北の要因の一つには、日本の航空戦力を甘く見ていた戦力誤認があった。

《フィリップス長官は、日本機の性能を過小評価していたようだ。戦闘機のそれはイタリア機とほぼ同じ、ドイツ機よりはるかに劣る。また雷撃機と急降下爆撃機の行動半径は、三六〇キロ程度で、水平爆撃機はより航続力があるが、これはかわせる――と判断していたのである》（須藤朔著『マレー沖海戦』学研M文庫）

しかし英東洋艦隊司令長官の淡い期待は見事に裏切られたのだった。

ところでこのマレー沖海戦では、イギリスの誇る2戦艦が一挙に葬り去られたという事象だけが語り継がれているが、実は日本軍の被害が極めて小さかったという点が忘れられている。これだけの大戦果にもかかわらず、日本海軍航空隊の損害はわずかに3機（戦死者21人）でしかなかったのだ。

つまりマレー沖海戦は日本海軍の〝パーフェクト・ゲーム〟だったわけである。本海戦に参加した元山《げんざん》・美幌《びほろ》・鹿屋《かのや》各航空隊の一式陸上攻撃機および九六式陸上攻撃機合わせて75機（一説には85機、あるいは99機というのもある）が新型対空火器「ポムポム砲」の弾幕をかいくぐり、高速で回避運動中の戦艦に魚雷49発を放って20発（プリンス・オブ・ウェールズに7発、レパルスに3発）を命中させている。

その命中率は実に40・8％。

現代のように高度な誘導武器や火器管制システムもない時代に、海面すれすれの低空で肉迫し、かくも高い命中率を記録したというのは、まさに神業といえよう。

しかも損害はわずかに3機。

一式陸攻および九六式陸攻という大型機が、猛烈な弾幕を張ることができる新型対空機関砲を見事にかわす。撃てども撃てども落ちない日本機を目の当たりにした英海軍将兵は自らの目を疑ったに違いない。不死鳥のごとく上空を舞う日本軍機の姿に、彼らは筆舌に尽くせぬ恐怖を感じたであろう。

この日本軍による英東洋艦隊殲滅という超特大ニュースは、瞬く間に世界中を駆け巡った。ところが、世界はこの衝撃的なニュースをすぐに信じることはできなかった。

というよりむしろ、信じたくなかったのかもしれない。

それもそのはず、その36年前には世界最強のロシア・バルチック艦隊を、そしてつい２日前には米太平洋艦隊を一挙に葬った新興の日本海軍が、こともあろうに今度は、これまで七つの海を制覇してきた大英帝国海軍の誇る東洋艦隊をわずか２時間で壊滅させたのだから、それも無理からぬことだろう。

欧米列強にとってこの不敗の日本海軍は〝モンスター〟として映った。

またこの大戦果は、これまで大英帝国の植民統治に苦しんできたアジアの人々を狂喜乱舞させたことはいうまでもない。誰もが暗雲から射し込む光を見た。アジア全域に欧米列強からの独立の気運が生まれ、そしてアジアの人々を奮い立たせた。

と同時に、人々は、英東洋艦隊を完膚《かんぷ》なきまでに叩きのめした大日本帝国に畏敬《いけい》の念を抱き、そしてアジアの国々は大日本帝国に大きな期待を寄せずにはいられなかった。

当時、第５師団の兵士としてマレー電撃作戦に参加していたＡＳＥＡＮセンター理事の中島慎三郎氏（故人）は次のように回想している。

《プリンス・オブ・ウェールズとレパルスという世界第一級の新鋭戦艦を轟沈し、われわれ日本人も感激しましたが、この朗報にマレイ人、タイ人、インドネシア人、インド人、そして親日中国人が飛びあがって喜ぶ姿を、われわれはあっけにとられて見ていたものです。そのとき、われわれ兵隊は「ああ良かった、いい戦争をしたんだ、生けるしるしあり」と、ほんとにそう思いましたよ》（ASEANセンター編『アジアに生きる大東亜戦争』展転社）

そして当時敵国であったイギリスの歴史学者アーノルド・J・トインビーもこう述べている。

《英国最新、最良の戦艦二隻が無謀にも航空部隊の援護なしに出撃して日本空軍（筆者註／海軍航空隊）によって撃沈されたのち、カルタの家のように陥落した。東南アジアにおける英国の軍事的崩壊は、特別にセンセーションをまき起こす出来事であった。それはまた、永続的な歴史的重要性をもつ出来事でもあった。なぜならば、一八四〇年のアヘン戦争以来、東アジアにおける英国の力は、この地域における西洋全体の支配を象徴してきていたからである。一九四一年、日本はすべての非西洋国民に対し、西洋は無敵ではないことを決定的に示した。この啓示がアジア人の〝士気〟に及ぼした恒久的な影響は、一九六七年のベトナムに明らかである》（『毎日新聞』昭和43年3月22日付）

武士道と騎士道の戦い

日英両軍が死力を尽くして戦ったマレー沖海戦。

この世紀の一戦には知られざる美談があった。

日本軍の猛攻を受け、洋上の松明《たいまつ》と化した「レパルス」に、駆逐艦「バンパイア」と「エレクトラ」が生存者救出のために急行した。アメリカ軍ならば、この駆逐艦をも攻撃対象として血祭りに上げるところだが、日本軍はそうではなかった。

日本機は２隻の駆逐艦に打電した。

〝ワレノ任務ハ完了セリ。救助活動ヲ続行サレタシ！〟

そして次なる標的となった「プリンス・オブ・ウェールズ」が炎に包まれ、駆逐艦「エクスプレス」が生存者救助のため横付けするや、日本機はまた攻撃を止めてその救助活動を助けたのだった。

日本軍人が苛烈な戦場で見せた〝武士道〟であった。

食うか食われるか、殺るか殺られるかの戦場にあって、武士の情をかけた日本軍人は立派であった。むろん日本軍人のこの正々堂々たる姿勢は、さぞやイギリス海軍将兵を感動させたことだろう。

一方、イギリス軍人も騎士道を貫いた。

総員退艦の命令が出され、横付けした駆逐艦「エクスプレス」への移乗が進むなか、「プリンス・オブ・ウェールズ」の艦橋にあった英東洋艦隊司令トーマス・フィリップス提督は、部下の退艦を促す声に笑顔でこう応えた。

「ノー・サンキュー」

フィリップ提督の傍らに立つリーチ艦長も退艦の催促を断り、そして部下にいった。

「グッド・バイ。サンキュー。諸君、元気で。神の御加護を祈る!」

午後2時50分、不沈戦艦とうたわれた戦艦「プリンス・オブ・ウェールズ」は、フィリップス提督とリーチ艦長と共にマレー半島クワンタン沖の波間に消えていった。

その後、1機の日本軍機が現場海域に飛来した。そしてこの日本軍機は、海上に二つの花束を投下して飛び去っていったという。

それは最期まで勇敢に戦ったイギリス海軍将兵と2隻の戦艦に手向けられたものだった。

マレー沖海戦、それは〝武士道と騎士道の戦い〟だったのである。

〝世界一〟の電撃戦

開戦3日目にして英東洋艦隊壊滅。

この朗報は、マレー半島に上陸した陸軍部隊を奮い立たせた。

山下奉文中将が率いる第25軍は、近衛師団・第5師団・第18師団を主力として、野戦重砲連隊2個および大隊1個、独立臼砲大隊1個、独立工兵連隊3個に加えて第3戦車団を擁する大部隊であった。

日本軍は、虎の子の戦車部隊を先頭に突き進んだ。そうして第11インド師団の守る堅陣ジットラに襲いかかるや、インド兵は猛進する日本軍戦車に恐れをなして逃げ出す始末であった。インド兵はこれまで戦車と戦ったことなどなかったのである。

この戦いが行われたジットラの町には、日英両軍が対峙した幅約20メートルの濁った川が流れている。かつて激戦があったとされる現場に到着した私は、さっそく戦跡を求めて散策したのだが、なかなかそれらしきモノが見当たらない。

熱帯の強烈な日差しに目を細めながら川の対岸を眺めていると、ガイドを務めてくれた中国系マレー人のヤン氏が地元民になにやら聞いてくれている。

「あるようです、トーチカ！」

私はこの吉報に目を見開いた。

「それはどっちの方向？」

ヤン氏は眼鏡を少し持ち上げ、少し背伸びをする格好で川向こうの鉄塔を指差した。

ジットラに遺されていた英軍のトーチカには日本軍の銃痕が無数にあった

「ええっと、あの辺りです」

ということは、いま私が立っているのが、ちょうど佐伯挺身《ていしん》隊が敵の堅陣に殴りこみをかけた場所ということか……。感動が足元から湧き上がってくる。たとえようのない興奮を覚えながら、私は橋を渡って川沿いを駆けていった。

しばらくすると、草に覆われた英印軍のトーチカが忽然《こつぜん》と姿を現した。近づいてみるとトーチカの銃眼には、日本軍のものと思われる無数の弾痕が残されているではないか。

「日本兵の射撃の腕は凄《すご》かったんだね。弾痕が銃眼付近に集中しているからね」

弾痕を指で撫でながら私がそういうと、ヤン氏は、片目を瞑《つむ》り小銃の引き金を引く仕草をしてみせた。

　これまで私が訪れた南方の戦跡に残る弾痕は、そのほとんどが敵軍のものばかりだったので、このときばかりは晴れ晴れしい〝戦勝気分〟に浸ることができた。

　それにしてもこのトーチカ、わずかな弾痕があるだけでほぼ原形をとどめている。それは日本軍の猛烈な進撃速度を物語っており、インド兵は恐れをなして退却したか、あるいは降伏したのだろう。

　事実、この地における日本軍の進撃はすさまじかった。九七式中戦車11両と九五式軽戦車３両を率いてジットラの敵陣を強襲した佐伯挺身隊は、行く手を川に阻まれるや、戦車兵が戦車の車載銃６丁を外して歩兵として戦うなど、部隊の進撃速度を緩めることはなかったという。

　その佐伯静夫中佐は部下に次のように訓示していた。

《今後の突進にあっては、一車が止まれば一車を捨て、二車が止まれば二車を捨て、友軍であろうが、敵であろうが、乗り越え踏み越え、突進ができなくなるまで、ただ突進せよ》（『歴史群像』32　学習研究社）

電撃作戦を助けたマレー人

日本軍は、人跡未踏《じんせきみとう》の密林を駆け抜け、あるときは撤退する敵軍を追い抜き、そしてまた河川湖沼にぶつかればトラックを分解して渡し、再び組み立てて走らせた。イギリス軍将兵は、いつの間にか目の前に現れた〝幽霊トラック〟に驚愕したとも伝えられている。

《その進撃速度は一日平均二十キロ、ドイツの電撃作戦が十八キロであるから、それを上廻るという強行軍である》（大井満著『マレー激動の十年』展転社）

マレー電撃作戦における日本陸軍の進撃速度は、ドイツ第18軍団、第6軍団による西部戦線での電撃戦より速く、東部方面でも北方軍集団や中央軍集団の記録した1日平均約19キロよりも速かった。むろんドイツ軍の電撃戦は1日平均29キロや40キロという進撃速度を記録した戦闘も多いが、天然の障害が少ない欧州の大平原を機甲部隊で進んだドイツ軍とは異なり、日本軍は、未踏のジャングルや無数の河川、そして熱帯という過酷な環境下で進撃したのだから、日本軍の電撃戦がどれほどのものであったかがおわかりいただけよう。

この世界最速電撃戦の立役者こそ、世界戦史にその名を残す〝銀輪部隊《ぎんりんぶたい》〟であった。

日本軍は、本土から大量の自転車を持ち込んだが、故障したり、破損した場合は現地で徴用することもあった。そんなときマレー人は進んで自転車を提供してくれたという。マレー電撃作戦で、近衛歩兵第5連隊の連隊長を務めた岩畔豪雄《いわくろひでお》大佐は前掲書『シンガポール総攻撃』で次のように回想している。

《マレー人は、わが軍に対し、いつも非常に協力的だったので、自分の自転車を無条件で交換してくれたばかりでなく、華僑の家に案内して、かくしている新しい車を見つけてくれさえした。そのおかげで、銀輪部隊の自転車は、一日一日と新しくなり、落伍者がほとんど出ないようになった》

作戦成功の陰には地元民の協力があったのだ。

石油資源の乏しい日本軍にとって、燃料を必要としない自転車は最適の兵器であり、またパンクすれば近くのゴム林でゴムを採取して修理することもできたという。もっとも前出『歴史群像』によれば、パンクしても、ゴムタイヤのない自転車が発する金属音を、日本軍戦車のキャタピラ音と間違えて英軍部隊が退却する一幕もあったというから痛快なことこの上ない。勝ち戦のときは、何をやっても上手くゆくものである。

コタバル、そしてクアラルンプールの博物館には当時日本軍が使用した自転車が展示されているが、現代の自転車に比べれば武骨で重量感があり、こんな自転車で1100キロを走破したのかと思うと、先人の苦労にあらためて頭が下がる。

それにしても日本軍は、なぜそうまでして「電撃戦」をやらねばならなかったのか。

それは、大英帝国の要衝シンガポールを、防備の手薄な背後から襲い、素早くこれを占領して、その先にあるインドネシアの石油資源を確保する狙いがあったからである。

密林に覆われた険しいその地形が英軍を油断させ、難攻不落と謳《うた》われたシンガポール要塞の巨砲は、すべてマラッカ海峡を向いていたのだ。

また、敵に反撃の時間的余裕を与えない日本軍の電撃作戦は、膨大な戦利品を得ることもできた。

昭和16年12月8日から昭和17年1月31日までのマレー半島作戦期間中に日本軍が鹵《ろ》獲《かく》した兵器は、飛行機13機、装甲車約50両、自動車約3600台、各種火砲約330門、機関銃約550丁。加えて大量の食糧や燃料を戦利品として獲得した。日本軍の進撃があまりにも速かったために、撤退する英軍に兵器を破壊処分する暇をも与えなかったのである。日本軍は、この戦利品を〝チャーチル給与〟と呼び、これらの兵器を有効に利用したという。

橋梁250分の物語

凄まじいスピードで日本軍に追われる形となった英軍、彼らはある戦術をもって日本軍の追撃をかわそうと試みた。
〝橋梁《きょうりょう》爆破〟である。

険しいジャングルに覆われた南北1100キロのマレー半島には大小様々な河川があり、そこには250もの橋梁が架けられていた。撤退する英軍は、この橋梁を次々と爆破してゆき、日本軍の進撃を遅滞させようとしたのだ。ところが、この戦線に送り込まれた日本軍工兵部隊（独立工兵連隊3個）は、驚くべきスピードで破壊された橋梁を修復し、戦車部隊と歩兵部隊を素早く渡河させていったのである。

これには英軍も驚愕した。どう見積もってもその修理に1週間はかかるであろう橋梁の修理を、わずか半日で終えるなど、日本軍工兵部隊の技術には目を見張るものがあった。猛訓練の賜物とはいえ、約4キロごとに架かる橋梁を一つずつ修理していったのだからその苦労は並大抵ではない。日本軍工兵部隊は、1日になんと平均5つの橋梁修理を50日以上も続けたのだ。これもまた軍事史上他に類例をみない驚くべき記録である。

そして日本軍工兵部隊の橋梁修理があまりにも早く、英軍の爆破が間に合わずに一部を爆破しただけで撤退せざるを得ないケースもあった。イポー付近のペラク川に架かるイスカンダル橋などは、不完全爆破のまま放棄された橋梁の代表であり、現在も地元の重要な交通路として使われている。ロンドンのテムズ川に架かる橋を髣髴《ほうふつ》させるこの橋は、頑丈な橋脚の上に組まれた鉄骨が印象的だ。橋柱には〝ISKANDAR BRIDGE〟と記された特大の金型銘版が残されている。

それにしても皮肉なものだ。この大英帝国の遺産を破壊しようとしたのが英軍で、結果として破壊を救ったのが日本軍だったのだから。

イスカンダル橋の上流には、かつて英軍によって破壊されたビクトリア橋がある。赤レンガ造りの橋脚が美しいビクトリア橋も、残念ながらいまはもう鉄橋としては使われていない。新しい鉄橋がすぐ横に建設され、この鉄橋は、もっぱら地元の人々の往来に利用されている。

錆《さ》びた鉄路に立ち、川の流れを眺めていると、脳裏に懐かしの戦争映画が過ぎるのだった。『戦場にかける橋』『遠すぎた橋』『ネレトバの戦い』……。

戦争映画には橋を巡るストーリーのものがあまりにも多い。しかしそれらはみな1本の橋を巡る争奪戦に過ぎない。マレー電撃戦は、実に250もの橋を巡る英軍と日本軍工兵部隊の追撃戦であり、その橋梁の数だけ物語があったわけである。

私はビクトリア橋を渡り、かつて第5師団を渡すために工兵部隊が展開した場所に立った。そして熱帯の夕陽を西方より受けながら、ペラクの川面に向かって黙禱を捧げたのである。

カン、カン、カン――。

「おーい、次の角材を持ってこい！」

「気をつけろ！　流されないようにロープをしっかり縛れ！」

「急げ、急ぐんだ、後続部隊がお待ちかねだぞ！」

ねじり鉢巻に半身裸の工兵達の作業風景が瞼の裏に映し出された。

〝日本軍工兵部隊による橋梁修理の速度戦〟、それこそがマレー電撃戦の実相である。

二人の〝虎〟

マレーの虎――。

そう聞けば、すぐに思い出されるのが猛将・山下奉文大将だろう。

しかし、〝マレーの虎〟は一人ではなかったのだ。

もう一人は、昭和18（1943）年6月に封切られた映画『マライの虎』の主人公

「ハリマオ」ことモハマド・アリー・ビン・アブドラーである。

実はこの青年、マレーの盗賊団の頭目になった谷豊《たにゆたか》という実在の日本人青年だった。

明治44年に福岡で生を享けた谷豊は、父の仕事でマレー半島のトレンガヌに移り住み、当地で理髪店を経営する父の仕事を手伝っていた。その後、彼が単身で日本へ帰国中に満州事変が勃発、悲劇は彼の留守を襲った。華僑による排日運動で幼い妹が惨殺されてしまったのである。悲報を受けてマレーに戻った谷豊は嘆き哀しみ、と同時に在マレーシアの華僑と犯人を無罪放免にした大英帝国への復讐を誓い、〝盗賊団〟に身を投じることを決意した。

谷豊、弱冠26歳のときである。

1000人とも2000人ともいわれるマレー人を従えて、裕福なイギリス人や華僑を次々と襲う谷豊。その存在は、たちまちマレー半島全域に知れわたり、いつしか彼は、民衆からも畏敬の念を込めてマレー語の「虎」を意味する「ハリマオ」と呼ばれるようになった。ところがある日、部下がタイのハジャイでやらかした無銭飲食がもとでハリマオ自身も逮捕されてしまったのである。

そんなハリマオを牢獄から救い出したのが、神本利男《かもととしお》という日本人青年だった。

明治38年に北海道で生まれた神本利男は、33歳で陸軍中野学校に入校した経歴を持ち、満州国をはじめ各地を渡り歩いて諜報《ちょうほう》活動を行い、その生涯をアジア解放のために捧げた民間人であった。

神本はハリマオに語りかけた。

《もし戦争が始まったら、その戦争は、このマラヤの大地を、マレイ人のものにする戦いの始まりでもあると、おれは考えているんだ。今のマレイ人の力では、とてもイギリス軍をこのマレー半島から追い出すことは不可能だが、日本軍の軍事力に、多くのマレイ人が協力してくれるなら、百五十年もマレー半島を支配したイギリス軍と収奪の植民地勢力を、このマレー半島の大地から追い出すことができると……》（土生良樹著『神本利男とマレーのハリマオ』展転社）

目前に迫った対英開戦。ところが日本軍は、マレー半島の詳細地図をはじめ英軍の戦力など、あらゆる現地情報に乏しかった。だからこそ当地をすみずみまで知り尽くしたハリマオの協力が必要だった。

神本は熱心に説いた。そしてハリマオに協力を求めるのだが、ハリマオはなかなか首を縦に振らない。妹が華僑に殺されたとき、当時の日本があまりにも冷たかったことをハリマオは恨んでいたのである。しかし神本は粘り強く説きつづけた。そして長い押し問答の末、ついにハリマオは神本に協力することを決心する。

「ならば引き受けましょう！」

さっそくハリマオの一団は、マレー人労働者になりすまして英軍最大の防御陣地ジットラの工事現場に潜入。陣地およびその周辺の地図を作成するなど、彼らによって貴重な軍事情報が次々と日本軍のもとに送られた。さらに築城工事を遅らせるために、セメントを盗んで沼地に沈め、また建設機械を故障させるなど、あらゆる手段を使って妨害工作が行われたのだった。むろん、このことが日本軍の電撃作戦に大いに役立ったことはいうまでもない。

時に、神本利男36歳、谷豊30歳という若さであった。

後に谷豊はマラリアを患ってシンガポールの日本軍病院で病死。一方、神本利男は、ビルマでの諜報工作活動に参加した後、シンガポールから潜水艦で帰国する途中に敵の攻撃を受け、艦もろとも南海に没するのだった。

〝ハリマオ〟こと谷豊と神本利男、二人の民間人が日本軍の電撃戦を陰で支えていたのである。

F機関とインド独立運動

そんな二人を指揮したのが藤原岩市《いわいち》少佐であった。

藤原少佐は、参謀本部の命令によって「F機関」（Friendship, Freedom, Fujiwara の頭文字をとった）を発足させ、英軍の約7割を占めるインド人将兵に投降を呼びかけ、また、捕虜となったインド兵をインド独立のために立ち上がらせる工作活動を任されていた。

F機関の構成メンバーは民間人を含めてわずか十余名。陸軍中野学校出身の中でもずばぬけて優秀な若手将校からマレー語に堪能な60歳近い実業家まで、年齢も経歴もばらばらな猛者の集まりであった。そんな男たちを藤原少佐は見事に纏《まと》め上げたのである。

かつてF機関で藤原少佐とともに工作活動にあたった国塚一乗《くにづかかずのり》中尉は、藤原少佐の人となりについてこう話してくれた。

「ひと言でいえば、藤原さんは〝情〟の人です。そりゃ情の深い人でした。とにかく我々部下を我が子のようにかわいがってくれましたから、部下はみな藤原機関長のためなら命を捧げようと考えておりましたよ」

そんな部下思いの藤原少佐はたいへん涙もろい人であった。

部下の瀬川清少尉が、インド兵に対する工作中に戦死し、その遺骨が藤原少佐のもとに届けられると、藤原少佐は夜な夜なウィスキーを入れたコップを遺骨にお供えして両手を合わせて泣いていたという。

こうした藤原少佐の姿を目の当たりにした国塚中尉は、いたく感動し、そして藤原少佐への忠誠心がより一層強くなっていった。

そんな藤原少佐は、誠心誠意、真心をもってインド兵の帰順に全力を尽くしたのである。

開戦後まもなくアロールスター近郊のゴム園に大勢のインド兵が潜んでいるとの報に接するや、彼は一切の武器を携えず、まったく丸腰で現場に急行した。それは、たとえ危険な賭けであっても自らの誠意を相手に伝えるためだった。そしてイギリス軍のイギリス人大隊長に降伏を勧告した後、インド兵には誠意をもって日本の戦争意義を説き、共に手を取り合ってインド独立のために戦おうと説いたのである。

「異民族に対して、その自主自発的決起と活動を尊重する」

「相手を欺《あざむ》くな、欺かれてもよい。昨日の敵を同志として信頼処遇せよ」

それが藤原少佐の信条であった。

ちょうど藤原少佐の工作活動が始まった頃、北部マレーに位置するアロールスター郊外のジャングルで、1個大隊と共に投降してきたインド人将校がいた。モン・シン大尉である。彼は、日本軍によるインド独立戦争の呼びかけに共鳴して立ち上がったのだ。

モン・シン大尉は、投降してきたインド人将兵を束ねたインド国民軍（ＩＮＡ）を組織し、Ｆ機関の通訳・国塚一乗少尉とともにインド兵を次々と宣撫《せんぶ》していったのである。

果たしてマレー半島は日本軍によって制圧され、昭和17年2月15日には難攻不落の要塞とうたわれた英領シンガポールが陥落した。

そして「アジア解放戦争」のクライマックスがやってきた。

シンガポールの占領後、藤原少佐はファラ・パーク競技場でイギリス軍より接収した4万5000人のインド兵俘虜《ふりょ》を前にこう呼びかけた。

「日本の戦争目的は、一に東亜民族の解放にあり、日本はインドの独立達成を願望し、誠意ある援助を行う。ただし、日本はいっさいの野心ないことを誓う。インド国民軍、インド独立連盟の活動に敬意を表し、日本はインド兵を友愛の念をもって遇する。インド国民軍、もし国民軍に参加したい者があれば、日本軍は俘虜の取り扱いを停止し、運動の自由を認め、いっさいの援助を行う」

これを聞いた数万のインド兵は大歓声を上げて乱舞した。かくしてインド兵4万5000人がこの日をもって日本軍の〝友軍〟となったのである。

そして藤原少佐は次の任務のために転出し、加えてモン・シン大尉がインド国民軍の最高司令官の職位を罷免《ひめん》されるなど不測の事態もあったが、亡命先のドイツから戻ってきたかのチャンドラ・ボースがインド国民軍を率いることになった。

ドイツで同様の組織を作ろうとしたチャンドラ・ボースは国塚中尉に聞いた。

「どうか教えてほしい。私がドイツでできなかったことを、どうして君たち日本人がいとも簡単にできたのか」

国塚中尉はこう答えた。

「我々は同じアジア人です。我々は共通の文化を持つ上に、藤原少佐が真心を持ってインド兵捕虜に接したからです。今度も、日本軍は真心を持ってインド国民軍と協力すれば、必ずやインドの独立は勝ち取れます」

ここに〝インパール作戦〟の準備は整った。

インド国民軍は日本軍とともにマレー半島を北上し、アラカン山脈を越えてビルマからインドを目指したのである。

現代では、補給なき日本軍の愚かな作戦として常に批判にさらされ、その作戦の本質はなぜか語られることのないインパール作戦。

テレビなどでは、ろくに軍事の造詣《ぞうけい》もない解説者が、この作戦の失敗の原因を得意満面であげつらい、戦争の悲惨さをことさら強調する。しかしこのインパール作戦の本質は、日本軍約7万8000人とインド国民軍約2万人の「日印合同軍」による〝対英インド独立戦争〟であり、この戦闘が後のインド独立に大きな影響を与えたという視点が著しく欠落しているのである。

その意味において、F機関長・藤原岩市少佐のマレー作戦における工作活動は、まさしく〝アジア解放〟という大東亜戦争の大義であり、たとえ戦争に負けたとはいえ、結果としてインド独立という目的を達成し、そしてアジアにおける大英帝国の支配を終焉させることに成功したのである。

F機関長・藤原岩市少佐、彼は、アラビアのロレンス以上の謀略戦のエキスパートであった。ちなみにF機関長・藤原岩市少佐は戦後の陸上自衛隊で第1師団長を務め、戦後の〝日本陸軍〟のために尽くされたことを添えておこう。

ジョヨヨボの予言

《ある者はバナナの葉につつんだナシ・ゴレン（マレイ風焼飯）とココナツ・ヤシの果水を差し出し、ある者は南方のさまざまな果物を大きな籠《かご》に盛ってささげ、若者たちは先を争うようにして日本軍の弾薬箱を担ぎ運び、泥道で走行不能となったトラックを押し、ジャングルの獣道《けものみち》をたどる近道を先頭になって案内をひきうけた。日本軍将兵はとまどい驚いたが、やがてマレイ人の歓迎と協力の真摯《しんし》な態度を知り、戦塵《せんじん》で荒《すさ》んでいた気分をなごませ、感動し感激した》（『神本利男とマレーのハリマオ』）

先にも触れたが、マレー人の日本軍に対する協力は並大抵のものではなかった。

もちろんその理由として、日本の力を借りて大英帝国の過酷な統治から解放されたいという願いがもっとも大きかったが、この地には古くから伝わる「ジョヨヨボの予言」なる神話があり、これが多大な影響を及ぼしていた事実を紹介しておく必要があろう。

ではそのジョヨヨボの予言とは――。

《北方の黄色い人たちが、いつかこの地へかならず来て、悪魔にもひとしい白い支配者を追い払い、ジャゴン（とうもろこし）の花が散って実が育つ短い期間、この地を白い悪魔にかわって支配する。だが、やがて黄色い人たちは北へ帰り、とうもろこしの実が枯れるころ、正義の女神に祝福される平和な繁栄の世の中が完成する……》（同前）

なるほど、この神話は見事に大東亜戦争を予言している。

〝黄色い人〟とは日本人を指し、〝白い支配者〟とはイギリス人を指していることは明らかだ。

それにしても、この予言の正確さには感心してしまう。

《開戦直後から開始したハリマオ配下のマレイ人青年の説得は、乾いた砂が水を吸い込むように伝播《でんぱ》し、多くのマレイ人は「ジョヨヨボの予言の黄色い人（日本軍）がきた」と、さらに「日本軍はマレイ人を苦しめたオラン・プテェ（白人）を追い払ってくれる」とささやき合い、日本軍はどこでもマレイ人住民の心からの歓迎に遭遇したのである》（同前）

ジョヨヨボの予言が非科学的であることは承知の上だが、この伝承神話が存在することは紛れもない事実である。こうしたことからも当時のマレーの人々が日本軍を救世主として歓迎したことがおわかりいただけよう。

無敵・島田戦車隊

ジットラの堅陣を突破した日本軍は、地元マレーの人々の絶大なる支援と協力によって次々と敵の要衝を攻略していった。

12月19日には、マラッカ海峡を睨むペナン島を占領。ここは後に日本海軍の潜水艦基地となり、イギリス商船に対する通商破壊作戦に大きく貢献した要衝であった。ペナンを陥《お》とした日本軍は、タイピン(12月23日)、カンパル(12月27日)を攻めてスリムリバーへ迫った。

スリムおよびスリムリバーは、クアラルンプールの北の防波堤であり、英軍はなんとしてもこの地を守り抜かねばならなかった。そこで英軍は、険しい地形を利用した陣地を構築し、2個旅団をもって日本軍を待ち構えた。まさにこの一戦はマレー作戦前半戦の天王山であった。

そして攻める側の日本軍がこの堅陣をいかに攻略するかを検討しはじめた頃、戦車による「夜襲」という奇策を進言してきた荒武者がいた。

戦車第6連隊中隊長・島田豊作《とよさく》少佐である。

彼の攻略部隊は、戦車わずかに18両と100人の歩兵・工兵のみ。こんな小規模部隊で敵2個旅団にあたろうというのだ。司令部も当初はその作戦に難色を示したが、島田少佐の強い意志と自信に推されてついにその決行を決断するのだった。

戦後、島田少佐は戦闘の模様をこう回想している。

《暁とともにわが鉄獅子の捨身の猛襲は、完全に敵の虚をついた。敵の狼狽《ろうばい》はその極《きわみ》に達し、その威力を発揮することもできず、無惨にもスリム河畔を朱に染めて、潰滅《かいめつ》の運命をたどったのである。すなわち、第一線兵団の急を知って、増援に急進してきた敵自動車群に満載された一個連隊の歩兵は、わが戦車砲、機関銃のすれちがいざまの射撃につぎつぎと自動車もろとも粉砕された。さらにゴム林内に露営中の歩兵、砲兵、戦車群は、天幕からとび出すまもなく、とび込んだわが戦車隊の砲撃の餌食となった。また、ゴム林の蔭にかくれた敵兵は、ゴムの木もろとも、戦車の圧倒蹂躙《じゅうりん》に身を委ね、砲兵群は、整然と並んだ砲車に近づくひまもなく、わが銃撃に薙《な》ぎたおされ、砲車はのしかかった戦車の下敷きになってつぶれた》（『丸』エキストラ「戦史と旅」８）

奇襲は完全に成功した。

快進撃をつづけた島田少佐は、敵守備隊との激しい戦場の模様を次のように語っている。

《第二線鉄条網を圧倒した。そのとき、バリバリバリッと射ってきた。雷雲に稲妻が射したように敵陣はパッと明るくなった。ゴム林は、金砂、銀砂を一面にふりかけたような敵の発射火光につつまれた、と見る間に、彼我の銃砲声は一瞬にして戦場を興奮のるつぼにたたきこんだ》（『歴史群像』32）

こうしてわずか18両の戦車と１００人の歩兵・工兵によって英軍の２個旅団が壊滅させられたのである。そして日本軍は英領マレー最大の都市クアラルンプール目指して突進してゆくのだった。

現在、スリムリバーの町には、マレー北部とクアラルンプールを結ぶ幹線道路が通り、この国道を南下してしばらくすると、道路標識にしては不自然な緑色の看板が目に飛び込んできた。

なんとそれは戦跡を示す標識だった。

「ここか！」、思わずもらした一言には、私の積年の想いが込められていた。

私が小学生の頃、祖父に買ってもらった戦記本の中に、ゴムの木をなぎ倒して進む勇壮な戦車の写真と「無敵・島田戦車隊！」なる見出しがあり、それがとても印象的だった。このとき以来、日本の戦車と聞けば、「マレーの島田戦車隊」が脳裏を過ぎるのである。

さらに当時、『決断』（昭和46年／竜の子プロ）というアニメ番組があった。この番組は、大東亜戦争の戦史を忠実なアニメで描いた〝アニメンタリー〟というジャンルのものだった。その第4話「マレー突進作戦」には、かの島田戦車隊が登場し、スリムリバーの英軍を木っ端微塵に吹き飛ばし、敵陣地を粉砕する痛快なシーンがあった。

そんな子供心に焼きついた島田戦車隊。その戦跡に立った私は感無量であった。スリムリバーを大型バスで後にした私は、バスの最前部に陣取り、島田少佐が見たであろうクアラルンプールまでの景色を味わった。そして得意満面な顔で振り向くと、「こちらに座ったほうが良いのでは」と、中腰のまま座席を指差して席を譲ろうとしてくれたヤン氏に、笑顔でその親切を断った。

もう気分は島田少佐である。少年の頃の夢がいま満たされた。

奇妙な独立記念碑

スリムリバーでの大敗北が英軍全体に与えた影響は大きく、前線の士気は著しく低下した。逆に、日本軍の戦意は高揚し、その破竹の進撃を勢いづかせた。そしてクアラルンプールのすぐ北に位置するセレンダーでは、日本軍は、〝世界一の兵士〟の呼び声高いグルカ兵との白兵戦に勝利した後、一路クアラルンプールに向けて驀進《ばくしん》したのである。

そして昭和17（１９４２）年１月11日、日本軍はついに首都クアラルンプールを占領した。

かつて日本軍は、クアラルンプール駅前あたりから市の中心部へ進撃したというので、私はそのあたりへ出かけてみることにした。そこには当時を偲ばせる建物が残されていた。

白亜のクアラルンプール駅とその正面に建つ重厚なマレーシア鉄道公社である。いずれもが大英帝国の統治時代に建てられたもので70年前の戦争を目撃した生き証人でもあった。

そこからすぐのところには、とてつもなく大きな国立モスクがある。この建物は戦後のものだが、どうやらその規模は東南アジア最大だという。広大な敷地には敬虔《けいけん》なイスラム教徒が集う憩いの空間もあり73メートルの高さを誇る尖塔《せんとう》が美しい。

この国立モスクをもう少し北へ行くと、独立広場に辿り着く。巨大なマレーシア国旗がへんぽんと翻り、さらにスクウェアーを取り囲むように小ぶりの国旗が立ち並んでいた。

地元の日本語紙『日馬プレス』によれば、この国旗は別名「ジャルル・ゲンビラン」と呼ばれ、「栄光ある多様な価値」という意味が込められているという。14本の赤白のストライプは独立当時にマレーシア連邦を構成した13の州と連邦直轄区を表し、赤は勇敢な魂を、白は希望を象徴している。そして月と星はイスラム教のシンボルである。それにしてもこの国旗、一見、星条旗に似ていなくもない。ところが、マレーシアはアメリカとの歴史的な接点も少なく、当然、お国柄も違う。独立広場の石段に腰掛けて、青空にはためく国旗を眺めていると、ふと、ひとつの共通点が浮かんできた。この両国はともに大英帝国から独立した国家であった。

私は、あらためて大英帝国の遺産を眺めた。

クアラルンプールの象徴・サルタン・アブドゥル・サマド・ビルは、１８９７年に完成した優美な建物で、かつて大英帝国のマレー統治の中心だった。ここに進駐してきた日本軍兵士は、どんな思いでこの時計塔を仰ぎ見たことだろう。そんなことを想いめぐらせながら、クラン川のほとりを散策することにした。すると、クラン川とゴンバック川の合流点に周りをヤシの木で囲まれたジャメ・モスクが現れた。突如、私の中でクアラルンプールがアラビア色に変化した。かくも宗教的伝統文化を墨守する一方で、この国は確実に近代化の道をひた走る。

かつてマハティール首相の唱えた〝ルック・イースト政策〟によって急速な発展を遂げた首都クアラルンプールは、いまでは高層ビルが林立する近代都市へと変貌し、日本の大都市となんらかわりがない。それどころかこの町には東洋一（当時）の建物まで存在するのだ。高さ４５２メートルのペトロナス・ツイン・タワーは見上げるだけでも首が疲れてしまう。いたるところで高層ビルの建設が進む首都クアラルンプールの発展ぶりには目を見張るものがある。

「イノウエさん、私ネ、今回のガイドを引き受けたとき、自分で歴史を勉強したんですよ。ほらこんなに」

中国系マレーシア人ガイドのヤン氏は、ぶ厚いファイルを広げて見せてくれた。けれど随所にラインマーカーが引かれており、たしかによく勉強しているようだ。けれどしょせん彼は、日本軍と対峙した中国系マレーシア人だから、「日本軍＝悪」と考えているに違いない。そう思うと、まともにとりあう気にはなれず、私は彼の言葉を半分聞き流すような態度で外の景色を眺めていた。

するとヤン氏はこう切り出した。

「驚きましたね。日本は経済封鎖をされて、だから戦争するしかなかったんですね。ABCD……うーん、これで追い詰められたんですね。でしょ？」

私は驚きのあまり、舐めていた飴玉《あめだま》を飲み込んでしまうところだった。

私は、彼に向きなおっていった。

「そうなんですよ！　あの戦争は〝自存自衛の戦争〟、わかりますか、この意味？　つまり国を守るための自衛戦争だったんですよ。日本が戦争を仕掛けたのは、すべてアメリカの策略だった。しかしね、戦後の日本ではその真実を覆い隠して、当時の日本がどうしようもない軍国主義国家で、アジアを植民地にするために戦争をしたという〝嘘〟ばかりが伝えられているんですよ。しかもそんなことを学校で教えているんですよ。信じられますか？」

勢いにまかせてまくし立てた。するとヤン氏が薄ら笑いを浮かべていった。

「でも、どうして事実を教えないんですか、日本では」

私は応えた。

「それは私も聞きたいぐらいですよ。が、とにかく日本の国内ではいまでもコールド・ウォー（東西冷戦）がつづいているんですよ」

なぜか「白人」戦士のマラヤ独立戦争記念碑

そう吐きすてた私の言葉に驚いたヤン氏は、下唇を噛《か》みしめて、さっぱりわからないといった表情で首を左右に振った。

後日、我々はレイク・ガーデンにあるマラヤ独立戦争（1949

―1961）の記念碑に向かった。この記念碑は、敵兵の屍《しかばね》を乗り越えて進む5人の戦士のモニュメントで、ワシントンDCにある硫黄島メモリアルと規模や雰囲気がよく似ている。倒れた二人の兵士は共産ゲリラで、5人の戦士はマレー人の自由主義者という設定だという。

しかし近づいてみるとなんだかヘンだ。どう見ても5人の戦士の顔は彫りの深い白人で、マレー人の顔ではない。おまけに倒れている敵兵の服装は、ゲートルを巻いて戦闘帽をかぶった日本兵に見えるのだ。

「なんじゃこりゃ？　これはマラヤ独立戦争じゃないぞ！」

するとヤン氏はこう説明してくれた。

「このモニュメントは、ワシントンDCの硫黄島メモリアルを作ったウェルドンというアメリカ人が設計したものでして……」

なるほど、そういうことだったのか。アジア諸国の〝独立〟と聞けば、解放者は白人で、抑圧者は日本人という誤った認識と偏見が生んだモニュメントだったのである。

マレー人が守り続ける殉難碑

クアラルンプール市内には、イギリス統治時代に建てられたブドゥ刑務所がいまも残されている。１８９２年の建設当時、この刑務所には多くのマレー人が収容されていたが、戦時中は日本軍によって抗日華僑が収監され、そして戦後は、いわれなき「ＢＣ級戦犯」なる日本人が囚われていた。この忌々しい刑務所の周囲を歩いていると、復讐裁判によって刑場の露と消えていった同胞の無念が高い塀の向こうから聞こえてくるようだ。

ここで法務死した日本兵は、その遺骨すら祖国に帰されることはなかったという。この事実は、戦勝国の残忍さと野蛮さを如実に物語っている。たとえ敵兵でもその亡骸を丁重に埋葬し、墓標まで建てて弔《とむら》った日本軍人と大きな違いである。

そんな人々の殉難碑が「日本人墓地」にあった。日本人墓地の立派な門柱の一つには「明治三十二年三月吉日」、もう一つには「大日本帝国臣民之墓」と彫られている。戦後よくぞ反日華僑に破壊されなかったものだ。ひょっとしたらマレーの人々が守ってくれたのだろうか。

明治時代に開苑したこの墓地には、マレー半島で亡くなった軍人や在マレーシア邦人に交じって、「からゆきさん」の墓石もあった。実のところ私もこれには驚いた。明治期の日本からこの地へやってきた日本女性がいたというのだから。

彼女らは、貧村から売られてきたのだろうか。あるいは、弟を学校へやるために

クアラルンプールの日本人墓地に建立されていたＢＣ級戦犯の殉難碑

……。小さな墓標を見つめていると、物質的な繁栄を謳歌する現代日本婦女子の姿が脳裏を過ぎり、〝豊かさとは何か〟をあらためて考えさせられる。

そんな日本人墓地の奥に、ＢＣ級戦犯として処刑された日本兵の殉難碑があった。

私は、木の陰に建つ殉難碑の前に歩み出て、法務死された英霊に黙禱を捧げた。悔しさを堪え、無念の歯《は》噛《が》みで刑場に立った先人達。それを思うと涙が込み上げてくる。そして〝戦犯裁判〟という名の〝復讐リンチ〟への怒りで全身が震えた。

決して広いとはいえないこの墓地の敷地には、日本の近代史が凝縮されており、実に様々なことを考えさせてくれる。

さらにここには、歩兵第11連隊の慰霊塔も建立されていた。私が、持参した靖国神社の御札と神酒《みき》をお供えして手を合わせると、墓地を案内してくれたスタンレーさんが、管理事務所から線香の束とバケツいっぱいの水を運んできてくれた。

マレー人のスタンレーさんは、ずっと日本人墓地を守りつづけてくれる76歳の墓守だった。最敬礼をもって先人に敬意を表した私と目が合ったスタンレーさんは、笑みを浮かべて小さく頷《うなず》いた。私はマレーの人々に対する感謝の気持ちで胸がいっぱいになった。

ある女性教師と歴史教育

私が宿泊していたイスタナホテルのフロントで、ひょんなことから一人旅の若い日本人女性と知り合うことになった。彼女はマレーシアがはじめてらしく、ガイドブック片手にどこをどのように巡ればよいのかと思案の最中だった。

「この国に女性の一人旅というのはこれまた珍しいですね。こちらに友人でも？」

彼女は応えた。

「あ、いいえ」

そしてあれこれと言葉を交わすうちに、彼女は打ち明けた。

「私、教員なんです」

〝教員〟と聞いて、その背後にある巨大な反日組織を思い浮かべた私はとっさに身構えた。

彼女はつづけた。

「来月から歴史を教えなくちゃならなくて困っていたんですよ。どうやって教えてよいのかが分からなくて……、それで実際に外国に行ってみようと思ったんです」

どうやら彼女はまだ洗脳されていないようだ。この状態ならまだ救うことができると考えた私は、「まだお食事がお済みでなかったら、ご一緒にいかがですか？」と笑顔で誘った。

彼女は安心した表情で、「はい、よろしいんですか？」とつつましく応じてくれた。

小奇麗《こぎれい》なレストランで世間話をしながら、彼女にマレーシアを旅先に選んだ理由を問うた。

すると、予想通り日本軍によるマレー半島でのいわゆる〝華僑虐殺事件〟とやらが彼女の口から飛び出した。そこで私は、そもそも大東亜戦争とは何だったのか、また戦前の日本および日本人を賞賛するアジア各国の肉声を紹介した上で、戦後のマスコミによる偏向報道の実態を説いて差しあげた。すると彼女は、初めて耳にする歴史の真実に目を丸くして聞き入ったのである。そしてついには、フォークとナイフを置いてメモを取り出したのだ。〝真実〟が、彼女のハートを捉えて離さなかったのだ。

聞き終えた彼女は口を開いた。

「私の祖父は、戦前、台湾で学校の校長をやっていたのですが……。そうですか、戦前の日本というのはそんなに素晴らしかったのですか。今日のような話を父が聞いたらどんなに喜ぶことでしょう。私、ほんとうにいままでまったく知りませんでした」

自分自身にいい聞かせるようにしみじみと、「そうだったんですか……」と繰り返す彼女。

帰国後、この女性教諭はこれまでの捏造《ねつぞう》された歴史観を払拭《ふっしょく》して、授業で児童にこう語りかけたという。

「皆さんの教科書では日本が戦争を起こしたと書いてありますよね。けれど、その時代にこの国を守るために一生懸命がんばった人々がいることを忘れないで欲しいの。あとはあなた達が考えることです」

電話でこの話を聞かされた私は感極まった。そして彼女は私にこういった。

「今回のマレーシア旅行での一番の思い出は、なんといってもあの食事でした。ほんとうによかったと思います」

それを聞いて、私は心の中で叫んだ。

「ああ、よかった。これで日本の子供達が救われるんだ！」

我が国の歴史を正当に評価し、先人を尊敬する教師が一人でも多く現われて、日本の将来を担う子供達を立派に育てていってくれることを切に願う次第である。

「日本軍はマレー人を一人も殺していません」

彼女がたしかめたかった〝華僑粛清〟なる事件。戦後のサヨクが絶叫するマレーシアの戦争被害とは、およそ抗日華僑の戦死者およびその粛清の犠牲者のことである。

大東亜戦争時、マレー半島に暮らす華僑の母国である中国は、日本と戦っていた。したがって彼らは日本を敵国視していたのであった。マレー人にとってみれば解放軍であった日本軍も、華僑にとってみれば敵軍でしかなかったのだ。

そこで在馬華僑は、支那事変が拡大してゆく中、国民党政府の求めに応じて３０００人を超えるトラック運転手を中国本土に送るなど熱心に母国支援を行った。彼らは「南僑機工隊」と呼ばれ、ビルマから援蔣《えんしょう》ルートを北上して中国本土に物資を運ぶ輸送任務を引き受けるなど、国民党軍の継戦能力向上に貢献していたのである。

また華僑は「華僑義勇軍」を組織して日本軍に戦いを挑み、シンガポールが占領された後もゲリラ活動をつづけたという。そのゲリラ組織には、中国国民党とイギリスの支援を受けた「１３６部隊」とマラヤ共産党の「マラヤ人民抗日軍」があった。もっともマラヤ人民抗日軍というものの、そのほとんどが華僑だったという。むろん彼らは日本軍に不正規戦闘を仕掛けたのだから、その代償としての死も止むを得まい。

では日本軍による〝粛清〟は本当にあったのか。

《マレー作戦に参加した兵隊たちは、〝白人からアジアを解放する〟という気持で戦っていましたから、白人の手先となっている華僑を知って表現のできない憤りを感じましたし、軍の参謀たちは〝ここで華僑に対し断固たる姿勢を示さなければ、これからの軍政は相当の妨害が予想される〟と考えたとしても当然です。このような背景があり、日本軍は華僑粛清を実行したのです。確かに当時から「華僑を粛清する必要があったのか」という見方もありましたが、このことは日本軍にとって掃討《そうとう》作戦であり、純然たる軍事作戦であったのです》（『世界から見た大東亜戦争』第３部「アジアに生きる遺産」マレーシア・シンガポール、阿羅健一）

案内役のヤン氏は華僑である。彼は、我々に申し出た。

「どうしても見ていただきたいんです。日本人墓地と同様に、我々中国人の墓をどうしても……。いえ、10分で構いません、お願いしますお時間を割いてください」

それは提案というより、懇願に近かった。しかし彼の民族を想う気持ちとその愛国心は見上げたものだった。各国要人に靖国神社への参拝を提案できないばかりか、ブッシュ大統領による靖国神社への参拝計画を明治神宮に変更させたとされる外務省には、是非ともヤン氏の愛国心を見習ってもらいたいものである。

さて、ヤン氏が案内してくれた小高い丘には「華僑機工回国抗戦殉難記念碑」なるものが建立されていた。これは前述したいわゆる援蔣トラック運転手の慰霊碑であり、その碑には中国国民党を表す晴天白日のマークが描かれ、「中華民国三十六年十一月三十日」と記されている。

しかしよく考えていただきたい。彼らは自ら進んで戦争中の母国に赴《おもむ》いたのだから、そもそもマレー半島を舞台にした戦争とは関係がない。こんなものまで〝日本軍による犠牲の記念碑〟とされたのではたまったものではない。それよりも、記念碑に中華民国の年号を用いるなど、在馬華僑の祖国とはいったいどこなのだろうかという疑問が湧いてくるだけだった。

ここにはもう一つ、「中華民国男女僑胞殉難墓」がある。どうやらこれはマレー半島における抗日戦で亡くなった華僑のものらしい。ヤン氏は、言葉少なにいった。

「戦争で中国人もたくさん亡くなりました」――

繰り返すが、彼の民族を想う気持ちには敬意を表したい。しかしこの墓にも「中華民国」とある。私はこのことが引っ掛かった。気にしなければそれまでだが、私はどうしても納得がいかなかった。

「在馬華僑の抗日戦争とは、マレーシアのためではなく中国のためだったのか」――それが、私の偽らざる心境だった。がしかし、そんな華僑の記憶を手がかりに、日本軍による〝虐殺〟をなんとしても探し出そうとする愚かな日本人もいる。ところが皮肉にも、彼らのストーカー顔負けの執拗な追及に、実はマレーシア人もうんざりなのだ。

元上院議員のラジャー・ダト・ノンチック氏は次のように述べている。

《先日、この国に来られた日本のある学校の教師は、「日本軍はマレー人を虐殺したにちがいない。その事実を調べに来たのだ」と言っていました。私は驚きました。「日本軍はマレー人を一人も殺していません」と私は答えてやりました。日本軍が殺したのは、戦闘で戦った英軍や、その英軍に協力した中国系の抗日ゲリラだけでした。そして日本の将兵も血を流しました。

どうしてこのように今の日本人は、自分たちの父や兄たちが遺した正しい遺産を見

育新聞社）

ようとしないで、悪いことばかりしていたような先入観を持つようになってしまったのでしょう。これは本当に残念なことです》（土生良樹著『日本人よありがとう』日本教育新聞社）

多民族国家マレーシア

マレーシアは多民族国家である。

首都クアラルンプールでも、アジアの三大人種であるマレー系、中国系、そしてインド系の人々がひしめき合って暮らしている。ところがクアラルンプールの都市人口の約半分は中国系で占められており、マレー系は40％に満たない。全人口では約60％を占めるマレー系の人々も、首都では、最大勢力を中国系に譲っているのだ。それはこの国の経済が中国系住民に牛耳られてきた歴史とかかわりがある。

もとよりマレーシアでは、経済の実権を握ってきた中国系と、貧しいマレー系の富の不均衡が人種間の火種となってきた。そこでこの経済格差を埋めるべく、20世紀初頭からマレー系住民の優先および保護政策がとられてきた。そうした政策に反発して、1965年には、中国系が支配的であったシンガポール自治州がマレーシアから独立。1969年には、マレーシアでマレー系と中国系住民が激突、多数の死傷者を出す大惨事に発展した。

これを受けて1971年には「ブミプトラ政策」と呼ばれるマレー人優遇政策が施行された。この政策は、ブミプトラ＝マレー人の中国系住民に対する優位を明確にしたものであり、雇用や学校の入学枠などに人口比率を適用させることで、マレー人の生活を少しでも向上させようという狙いがあった。

マレーシアでは、人口の約30％を占める中国系住民が経済を牛耳ってきたため、本来の土着民族であるマレー人が経済的恩恵に与れずにいた。むろんそうなれば、国家のかたちも変貌《へんぼう》しかねない。そんな危惧がブミプトラ政策の裏側にあったのだろう。

マレーシアでは、マレー語が唯一の公用語と定められており、教育制度もこれに倣っている。したがって中国系住民が日常で使う中国語は公式言語ではない。このあたりはスイスやベルギーなど他の多民族国家と異なる。マレーシアの場合は、歴史的な民族対立の遺恨と、シンガポール独立を教訓とした中国系住民に対する警戒感が根強いようだ。

中国系の通訳ヤン氏によれば、市民権を持つ国民はあくまでもマレーシア国籍でなければならず二重国籍は認められていないという。ここが日本との大きな違いである。マレーシアでは中国系住民が中国国籍を有することは許されていないのだ。だから私が「華僑」というと、ヤン氏は「マレーシア人」と訂正するのだった。そこには中国系住民の苦渋と覚悟があるように思えてならなかった。

そもそもマレーシアの国教はイスラム教であり、宗教を否定する共産主義国家・中国とは折り合いが悪い。戦後のマラヤ独立戦争が、多くの中国系住民が所属したマラヤ共産党との戦いであったことも忘れてはならない。こうした諸々の対立要因を背景として、マレーシア政府は中国系住民に対して国籍選択を迫ったのであろう。

マレー半島最南端の町

タイ国境の町ジットラからアロールスター、ペナン、タイピン、イポー、スリムバー、そしてクアラルンプール、さらに下ってマラッカ、ムアール、バクリまで、かつて山下兵団が進撃してきた道のりをたどる戦史探訪の旅も早や5日。あと150キロほどでマレー半島最南端の町ジョホール・バルだ。そんなとき、あたりは急に真っ暗となり、大粒の雨が降り始めた。それはまるで滝のような豪雨であった。思わず笑いがこみ上げてくるほどのすごい雨に口を開けていると、ヤン氏が曇りはじめた眼鏡のレンズを拭きながら落ち着いた口調でいった。

「いつものことです」

眼鏡をかけ直したヤン氏はつづけた。

「すぐに止みますよ」

ヤン氏の言葉は的中した。雨があがり西の空が茜色に輝く頃、睡魔が私の上瞼を地球の重力に従わせたのであった。

昭和17年1月31日の夕刻から夜にかけてジョホール・バルに進入した第25軍に遅れること約2万２１００日。

〝ワレ、ジョホール・バルニ到達セリ！〟

第25軍が、１１００キロのマレー半島を縦断するのに要した日数は55日。

そして驚くべきは、日本陸軍が、約８万８０００人の英連邦軍をわずか3万５０００人で打ち負かしたことである。しかも55日間の交戦回数は95回、１日平均にすれば約２回の戦闘を行った計算になる。この戦闘で日本軍は、英軍に2万５０００人の損害を与え、５個旅団を壊滅せしめた。一方、日本軍の被害は、戦死１７９３人、戦傷２７７２人でしかなかったのである。

激しい抵抗と険しい地形の長隘路《あいろ》を１日平均約20キロのスピードで進撃し、同時に６５０キロもの海上機動を行った日本軍の電撃戦に、英軍の防衛線は次々と突破されていったのだ。

ある戦史分析によれば、日本軍は、雨天や敵の睡眠時を狙って敵陣を衝き、不可能と思われた渡河地点から川を渡り、想像もできない未踏のジャングルを突破してくるなど、英軍将兵はこの神出鬼没の日本軍に恐れをなして撤退していったのだという。私は、その日本軍の進撃路を辿《たど》って南下した。むろん先人のように、炎天下の道なき道を進んだわけではない。空調の効いたチャーターバスに揺られ、舗装された道を行くのだからほんとうの先人の苦労はわからない。安眠を妨げる蚊の大群に悩まされながら、湿った草の上でしか疲れた身体を癒すことができなかった将兵達。それに比べて私には、白いシーツとスプリングの効いたベッドがあった。そしてシャワーで汗を流すこともできた。冷たい清涼飲料水で咽《のど》を潤し、冷房の効いた部屋でマラリア蚊を心配せず眠ることもできた。私は、この〝あたり前〟にあらためて感謝し、と、同時に日本軍将兵に対する畏敬の念を強め、先人の労苦に深く感謝した。

そこで考えた。いったいなにが戦後の日本人をかくも堕落させたのだろうかと。戦後民主主義、戦後教育、偏向メディア、物質文明……。私はいつの間にか飲みかけの缶ビールをテーブルに置いたまま深い眠りに就いていた。

目覚めとともに窓のカーテンを力いっぱい左右に引いた。

眼下には大河のようなジョホール水道、そして対岸には緑豊かなシンガポールが見える。

「おー、見える見える！　もう一息だ！」

眠気を覚ます気合の言葉を、第25軍の参謀から拝借した。ホテルのすぐ隣にはバンガン・スルタン・イブラヒム（ジョホール州政庁）が聳《そび》え立つ。かつてこの建物には日本軍の司令部が置かれていたというが、なるほど高さ64メートルもの塔からは、シンガポールがはっきりと見渡せたであろう。そしてこれから始まるシンガポール攻略戦に参謀達は忙しく駆け回り、地図を囲んで知恵を振り絞っていたに違いない。

ジョホール・バルは、シンガポールと1本の陸橋で結ばれたマレーシア第2の都市であり、高層オフィスビルが立ち並ぶ商業都市なのだ。その一方で、19世紀末期に建てられたイスラム様式の建築物も数多く残されている。イスタナ・ブサールと呼ばれる旧王宮やアブ・バカール・モスクなどはその代表だ。こうした名所を訪れる観光客を尻目に、私は、見晴らしの良いモスクの裏庭からジョホール水道とシンガポールを眺めた。

自国の悪口を流布する日本人

「ここを渡って進撃していったのか……」

対岸に待ち受けるオーストラリア軍の猛烈な砲火に、多くの将兵がこの水道に斃れていったのだ。シンガポール攻略戦の戦死傷者5902人のうち40％はこの渡河作戦中の損害であったという。その距離わずかに1キロ、無念の思いで力尽きた日本軍将兵を思うと胸が熱くなる。

私は水道に向かって静かに黙禱を捧げた。そして私がジョホール水道の岸に立って、あれこれと思索に耽っていると、突然大きなだみ声が聞こえてきた。

親切だったヤン氏に代わって通訳ガイドを務めることになった中国系のタン氏だった。

「昔、イギリス人はアメリカ人を見下していましたね。けれどいまは、何でもいうことを聞く。まーったく骨がないね！」

彼はタバコをふかしながらそういい放った。べつに私がとがめるべき内容ではないので聞き流したが、次の一言は断じて許すことはできなかった。

「一つだけ日本にいいたいことがありますね。ドイツは戦争のことをちゃんと謝ったのに、日本は謝っていない。これは……」

全身の血が逆流するのを覚えた私は、こやつの前につかつかと歩み寄って怒鳴り上げた。

「あなた方は、いつまでそんなバカな事をいいつづけるのか！　いいですか、日本は止むに止まれず戦争に突入したんだ！　そう仕向けられたんだ！　これが歴史の真実です。あなたはそんな歴史を知った上でいっているんですか？　日本には日本の正義があります。それにあの戦争で、多くのアジア諸国が独立できたことも悪かったというつもりですか！」

凄まじい私の剣幕に圧倒されたのか、彼はつくり笑いを浮かべながら両手を上げ、降伏のポーズをとって言い訳した。

「オ、オーケー、オーケー、これは日本の先生がいっていたことなので……」

これを聞いて私はピンときた。そしてその予想は的中した。どうも彼は日本軍による華人虐殺を追い求める日本の某大学教授の通訳もやっているらしい。これはそこで得た知識のようだ。日本人は、そんな話をすれば喜ぶと勘違いしていたのだろう。しかし今度ばかりは相手が悪かった。よりによって私の前でやらかしたのだから運が悪いとしかいいようがない。

そもそも、貧相なちょび髭を生やした彼は、「自衛隊はカンボジアのＰＫＯで、銃声が聞こえたら逃げ出しちゃったんだ。弱いねー」などと、ありもしないことを吐いており、この時点で私の導火線に点火してしまっていたのである。

もとより独りよがりな正義感を振りかざした日本人が、自分だけは良識を持った善人であるかのごとく振舞って、自国の悪口を流布して回っていることは忌《い》むべき事態である。

それればかりではない。こうしたことが日本の近隣諸国外交をミスリードしているのだ。

かつて平成6（1994）年、マレーシアを訪れた当時の村山富市首相と土井たか子衆議院議長が過去の戦争での謝罪を口にしたところ、マハティール首相から、「なぜ日本が50年前に起きた戦争のことをいまだに謝り続けるのか理解できない」と返されたことはあまりにも有名な話である。

先のラジャー・ダト・ノンチック元マレーシア上院議員の言葉にあるように、これは「本当に残念なこと」であり、むしろその偽善的行為は外国人に疎《うと》んじられている事実を彼らはまったく理解していない。むろん反日日本人達の〝悪趣味〟を止めさせねばならないが、同時に海外で間違った歴史認識を耳にしたときは直ちに反論して、日本の正義を堂々と主張しておくことも必要だ。

これは、我々の後世のためである。

日本人の誇りを教えてくれた町

かつて私が、フランス人、オーストラリア人の友人らとシンガポールを旅行した折り、単身でシンガポールからバスに乗ってジョホール・バルにやってきたことがある。このとき入国審査場で戸惑っている私を見て、二人の東南アジア人が近づいてきた。そして頼みもしないのに、あれこれと私の出入国手続きを手伝ってくれたのである。

どうせ手間賃だとかなんとかいってお金をせびるつもりだろうと警戒した私は、「自分でできるからお構いなく」と彼らを遠ざけた。ところが、彼らは執拗に付きまとって私の両替まで手伝ってくれたのである。おまけにランチまでご馳走してくれるという。ますます怪しい。しかし彼らは悪い人達に見えなかったので、冒険心からその誘いを受けることにした。

そしてマレーシア料理のレストランに入るや、彼らは自己紹介をはじめた。二人はミャンマー人だった。そのうちの一人が、私に親切にしてくれた理由を話しはじめた。

「私は、日本人に感謝したかったんですよ。どうぞ召し上がってください」

マレー風焼き鳥（サティー）を口に運びながら問うた。

ジョホールバルの土産物屋の棚には天皇御一家の写真が

「それは、どういうことですか?」

彼は、食べる手を休め、テーブルに両肘をつき、両手を口元で結んでいった。

「私の国ミャンマーは、日本人によって独立することができました。私の父から、日本人は恩人だと聞かされていたんですよ。だから私も日本が大好きで日本人に何かしてあげたかったのです」

私はこの言葉にいたく感動し、込み上げてくるもので鼻先が真っ赤になったことを思い出す。私が、東南アジアの人々の親日感情にはじめて触れた町、それがここジョホール・バルだったのである。

あれから十余年、再びこの町を訪れた私は、その近代化と発展ぶりに驚きを禁じえなかった。この町は大きく変貌していたからである。

だが変わらぬものがあった。それはこの国の対日感情だ。

民家を改造したお土産屋を訪問したときのこと。その家屋の棚の中に、日本の御皇室の写真が飾られていたのである。それは皇太子殿下のご婚礼のときのものらしく、妃殿下はもとより、今上陛下および皇后陛下とともに御一家で撮影されたものだった。

やはりジョホール・バルは、私に、日本人としての誇りと戦後教育の誤りを再認識させてくれる町であった。

驚くべき事実

実はこのときの戦史探訪の旅には、たいへん偉い方が参加されていた。

韓国の元参謀総長・白善燁《ペクソンヨップ》将軍である。

「閣下、第25軍がこのようなジャングルの中を、交戦しながら1日に20キロも進撃したというのは、たいへんなことだったのでしょうね」

私がそう話しかけると、白将軍は、険しいジャングルを見つめてポツリと呟いた。

「ええ、昔の人は立派だった。本当に立派だったたんですよね……」

かつて満州国陸軍中尉でもあった白将軍は、当時の日本陸軍がいかなるものであったのかを知り尽くしていた。

そしてイスカンダル橋では、一目散にバスを降りるや、白将軍はこの橋を眺めていった。

「いやーここに来られてよかった」

朝鮮戦争中、漢江《かんこう》大橋と2本の鉄橋が、撤退中の韓国軍兵士と共に爆破されるという大惨事があった。それは単なる命令の行き違いだったのだが、爆破任務の指揮官であった韓国陸軍の崔昌植大佐はその責任を問われて銃殺刑に処されたのである。白将軍は、その事件とイスカンダル橋を重ね合わせていたのであろう。

こうした白将軍のマレー電撃作戦への強い関心の理由は、ジョホール・バルのホテルの一室で明らかにされた。

ジョホール水道が一望できる部屋で白将軍が切り出した。

「(朝鮮)戦後、1958年5月、アメリカにマッカーサー元帥を訪ねたとき、彼は私にこうsuggestion(示唆)するんですよ。『将来、韓半島でことがおこれば、そのときの作戦は、このマレー作戦を参考にしたほうがよいだろう』と。その言葉が私の頭に残っていたんですよ」

驚くべき事実である。かのマニラ復讐裁判で宿敵・山下将軍を絞首刑にしたあの

白将軍と眺めたイスカンダル橋

マッカーサーが、将来の朝鮮半島での戦いはこのマレー電撃作戦を参考にすべきであると遺していたとは。

なるほど、よく考えてみれば朝鮮戦争時の仁川《じんせん》上陸作戦も、半島中央部に敵前上陸するや一気に南下して北朝鮮軍を壊滅させている。

知られざる歴史の真実がここに明らかとなったのである。

白将軍はつづけた。

「そして実際に来てみたら、韓半島とマレー半島が非常に良く似ていることがわかりました。南北1000キロという点、それから地形も、韓国の東海岸は山がちなマレー半島と同じで、西海岸は河川と平野がひらけている点、それと奇襲作戦で始まったという点でもこのマレー作戦と韓国戦争は似ています。将来アジアで紛争が起こったとき、この作戦はたいへん参考となるでしょう」

鳥肌が立つ思いで白将軍の話を聴いた私は、再びジョホール水道へと目をやった。我が先人達は、前人未到の快挙を成し遂げ、そしてアジアの人々に独立の喜びを与えたばかりか、将来のアジアの安全保障のてびきを遺してくれていたのだ。

戦史はただ過去の戦争の歴史ではない。

戦史は、現在を知り、そして将来を占う確かな道しるべなのである。

参考文献＊『東京裁判　日本の弁明』小堀桂一郎編（講談社）＊『パール判事の日本無罪論』田中正明（小学館文庫）＊『進めデリーへ』スバス・チャンドラ・ボース（朝日新聞社）＊『自由アジアの栄光』（日本会議事業センター）＊『世界から見た大東亜戦争』名越二荒之助編（展転社）＊『印度侵略悲史』ビハリ・ボース（東京日日新聞社）＊『世界がさばく東京裁判　85人の外国人識者が語る連合国批判』佐藤和男監修（明成社）＊『ルソンの砲弾』河合武郎（光人社NF文庫）＊『ルソン戦記』河合武郎（光人社NF文庫）＊『戦士の遺書』半藤一利（文春文庫）＊『歴史群像シリーズ60　朝鮮戦争（上）』豊島哲「マッカーサー」（学習研究社）＊『天皇・FDR・マッカーサー』ジョン・ガンサー、内山敏訳（集英社）＊『実録　太平洋決戦　真珠湾奇襲からミッドウェー海戦』上田信ほか（立風書房）＊『山下裁判』フランク・リール、下島連訳（日本教文社）＊『丸』エキストラ「戦史と旅」4、8（潮書房）＊『海軍特別攻撃隊』豊田穣（集英社文庫）＊『あゝ神風特攻隊』安延多計夫（光人社NF文庫）＊『特攻　國破れても國は滅びず』水島総（ウィンズ・インターナショナル）＊『ニミッツの太平洋海戦史』C・W・ニミッツ、実松譲・富永謙吾共訳（恒文社）＊『海軍中尉大西瀧治郎』秋永芳郎（光人社NF文庫）＊『海軍航空隊とカミカゼ』（新人物往来社）『歴史と旅　太平洋戦争名将勇将総覧』（秋田書店）＊『図説　太平洋戦争』池田清編・太平洋戦争研究会著（河出書房新社）＊『連合艦隊　激闘編』太平洋戦争研究会著（世界文化社）＊『ペリリュー島玉砕戦』舩坂弘（光人社NF文庫）＊『帝国陸軍の最後』伊藤正徳（角川文庫）＊『アメリカ海兵隊の太平洋上陸作戦　上中下』河津幸英（アリアドネ企画）＊『太平洋戦争とアジアの歌声』名越二荒之助編著（展転社）＊『歴史群像』32、34（学習研究社）＊『街道をゆく40　台湾紀行』司馬遼太郎（朝日新聞出版）＊『台湾と日本・交流秘話』許国雄監修、名越二荒之助・草開省三編（展転社）＊『台湾人元志願兵と大東亜戦争』鄭春河（展転社）＊『台湾と日本がアジアを救う』許国雄（明成社）＊『台湾人と日本精神』蔡焜燦（小学館文庫）＊『台湾の主張』李登輝（PHP研究所）＊『「武士道」解題』李登輝（小学館文庫）＊『台湾の歴史』喜安幸夫（原書房）＊『教育正論　31』名越二荒之助「反日華僑とマレー人」（教科書正常化国民会議）＊『個人旅行マレーシア』（昭文社）＊『独立アジアの光』（日本会議）＊『武士道の国から来た自衛隊』産経新聞イラク取材班（産経新聞社）＊『シンガポール総攻撃』岩畔豪雄（光人社NF文庫）＊『世界に開かれた昭和の戦争記念館　第4巻　大東亜戦争その後』名越二荒之助編（展転社）＊『マレー沖海戦』須藤朔（学研M文庫）＊『アジアに生きる大東亜戦争』ASEANセンター編（展転社）＊『マレー激動の十年』大井満（展転社）＊『神本利男とマレーのハリマオ　マレーシアに独立の種をまいた日本人』土生良樹（展転社）＊『日本人よありがとう　マレーシアはこうして独立した』土生良樹（日本教育新聞社）＊『島田戦車隊　サムライ戦車隊長奮戦す』島田豊作（光人社）＊『戦場ガイド　マラヤ・シンガポール攻略』（メディアマスターズ社）

本書は、航空自衛隊連合幹部会誌『翼』の連載、『親日アジア街道を行く』をもとに、大幅に書き下ろしを加えるなど加筆し再構成したものです。特に断りのない場合、肩書きや数字は当時のものです。

単行本　平成二十五年十月　産経新聞出版刊

NF文庫

日本が戦ってくれて感謝しています

二〇一八年八月二十一日 第一刷発行

著 者 井上和彦
発行者 皆川豪志

発行・発売 株式会社 潮書房光人新社
〒100-8077 東京都千代田区大手町一-七-二
電話/〇三-六二八一-九八九一(代)
印刷・製本 凸版印刷株式会社
定価はカバーに表示してあります
乱丁・落丁のものはお取りかえ致します。本文は中性紙を使用

ISBN978-4-7698-7001-2 C0195
http://www.kojinsha.co.jp

産経NF文庫の既刊本

日本が戦ってくれて感謝しています2

あの戦争で日本人が尊敬された理由

井上和彦

第1次大戦、戦勝100年「マルタ」における日英同盟を序章に、読者から要望が押し寄せたインドネシア——あの戦争の大義そのものを3章にわたって収録。日本人は、なぜ熱狂的に迎えられたか。歴史認識を辿る旅の完結編。15万部突破ベストセラー文庫化第2弾。

定価〈本体820円+税〉 ISBN978-4-7698-7002-9